汉画总录

10
神木

GUANGXI NORMAL UNIVERSITY PRESS
广西师范大学出版社
·桂林·

The Getty Foundation

本项目研究得到盖蒂基金会的资助。
Research for this publication was supported by a grant from the Getty Foundation.

项目统筹　汤文辉　罗文波　李　琳
责任编辑　罗文波　周林莎　陈诗艺
装帧设计　李若静　陆润彪　刘　凛　黄　赟
责任技编　伍智辉

图书在版编目（CIP）数据

汉画总录. 10，神木／康兰英，朱青生主编. —桂林：
广西师范大学出版社，2012.8（2023.3 重印）
ISBN 978-7-5495-3123-3

Ⅰ. 汉… Ⅱ. ①康…②朱… Ⅲ. ①画像砖－史料－
研究－中国－汉代②画像砖－史料－研究－神木县－汉代
Ⅳ. K879.444

中国版本图书馆 CIP 数据核字（2012）第 307367 号

广西师范大学出版社出版发行

（广西桂林市五里店路 9 号　邮政编码：541004）
（网址：http://www.bbtpress.com）

出版人：黄轩庄
全国新华书店经销
广西广大印务有限责任公司印刷
（桂林市临桂区秧塘工业园西城大道北侧广西师范大学出版社集团
有限公司创意产业园内　邮政编码：541199）
开本：787 mm×1 092 mm　1/16
印张：13.5　　字数：100 千字
2012 年 8 月第 1 版　　2023 年 3 月第 2 次印刷
定价：800.00 元

如发现印装质量问题，影响阅读，请与出版社发行部门联系调换。

序

文字记载，图画象形。人性之深奥、文化之丰富俱在文献形相之中；史实之印证、问题之追索无非依靠文字图形。[1]汉画乃有汉一代形相与图画资料之总称。

汉代之前，有各种物质文化遗迹与形相资料传世。但是同时代文献相对缺乏，虽可精观细察，恢复格局，重组现象，拾取位置、结构和图像信息，然而毕竟在紧要处，但凭推测，难于确证。汉代之后，也有各种物质文化遗迹与形相资料传世，但是汉代之前问题不先行获得解释，后代的讨论前提和基础就愈加含糊。尤其渊源不清，则学难究竟。汉代的文献传世较前代为多，近年汉代出土文献日增，虽不足以巨细问题尽然解决，但是与汉代之前相比，判若文献"可征"与"不可征"之别。所以，汉画作为中国形相资料的特殊阶段，据此观察可印之陈述，格局能佐之学理，现象会证之说明；位置靠史实印证，结构倚疏解诠释。因图像信息与文字信息的双重存在，将使汉画成为建立中国图像志，用形相学的方法透入历史、文化和人性的一个独特门类。此汉画作为中国文化研究关键理由之一。

两汉之世事人情、典章制度可以用文字表达者俱可在经史子集、竹帛简牍中钩沉索隐，而信仰气度、日常生活不能和不被文字记述者，当在形相资料中考察。形者，形体图像；相者，结构现象。事隔两千年形成古今感受之间的千仞高墙，得汉画其门似可以过入。而中国文明的基业，多始于汉代对前代的总结、集成而制定规范；即使所谓表率万世之儒术，亦为汉儒所解释而使之然。诸子学说亦由汉时学人抄传选择，隐显之功过多在汉人。而道德文章、制度文化之有形迹可以直接回溯者，更是在汉代确立圭臬，千秋传承，大同小异，直至中国现代化来临。往日的学术以文字文献为主，自从进入图像传播时代，摄影、电视造成了人类看待事物的新方法，养成了直接面对图像的解读能力。于是反观历史，对于形相资料的重视与日俱增。因此，由于汉代奠定汉族为主

---

[1] 对于古史，有所谓四重证据法：传世文献+出土文献+出土文物+依地形、位置和建筑构遗存复原的文化环境设想。但任何史实，多少都有余绪流传至今，则可通过现今活态遗存，以今证古，这是西方人类学、文化地理学中使用的方法。例如，可从近日的墓葬石工技艺中考溯汉代制作；再如，今日非物质文化遗产中的祭祀庆典仪式，其中可能有此地同族举行同类型活动的延承，正所谓"礼失而求诸野"。所以，对于某些历史对象，可以采用"六重证据法"：传世文献+出土文献+出土文物+复原的文化环境设想+现今活态遗存+试验考古（即用当时的工具、材料、技术、观念重新试验完成一遍古代特定的任务）。对问题的追索无非依靠文字和形相两种性质的材料，故略称"文字图形"。

体的文明而重视汉代，由于读图观相的时代到来而重视图画，此汉画之为中国文化研究关键理由之二。

"汉画"沿用习称。《汉画总录》关注的汉画包括画像石、画像砖、帛画、壁画、器物纹样和重要器物、雕刻、建筑（宗教世俗场所和陵墓）。所以，与《汉画总录》互为表里的国家图像数据库[2]则称之为"汉代形像资料"，是为学术名称。

汉画研究根基在资料整理。图像资料的整理要达到"齐全"方能成为汉画学的基础。所谓齐全，并非奢望汉代遗迹能够完整留存至今，而是将现存遗址残迹，首先确定编号，梳理集中，配上索引，让任何一位学者或观众，有心则可由之而通览汉代的形相资料总体，了解究竟有多少汉代图形存世。能齐观整体概况，则为齐也。如果进一步追索文化、历史和人性的问题，则可利用这个系统，有条理、有次序地进入浩瀚的形相数据，横征纵析，采用计算机详细精密的记录手段和索引技术，获取现有的全部图像材料。与我们陆续提供给学界的"汉代古文献全文数据库"和"中文、西文、日文研究文献数据库"互为参究，就能协助任何课题，在一个整体学科层面上开展，减少重复，杜绝抄袭，推动研究，解决问题。能把握学科动态则为全也。《汉画总录》是与国家图像数据库相辅相成的一个长期文化工程，是依赖全体汉画学者努力方能成就的共同事业。一事功成，全体受益。如果《汉画总录》及其索引系统建成完整、细致、方便的资料系统，汉画学的推进，可望会有飞跃。对其他学科亦不无帮助。

汉画编目和《汉画总录》的编辑是烦琐而细致的工作。其平常在枯燥艰苦的境况中日以继夜。此事几无利益，少有名声，唯一可以告慰的是我们正用耐心的劳动，抹去时间的风尘，使中国文明之光的一段承载——汉画，进入现代学术的学理系统中，信息充溢，条理清楚，惠及学界。况且汉画虽是古代文化资料，毕竟养成和包蕴汉唐雄风；而将雄风之遗在当今呈现，是对中国文明的贡献，也是为人类不同文明之间更为深刻的互相理解和世界在现代化中的发展提示参照。

人生有一事如此可为，夫复何求？

编　者

2006 年 7 月 25 日

---

[2] 2005年文化部将中国汉代图像信息综合调查与数据库项目纳入"国家数据库专项"系统。

编辑体例

《汉画总录》包括编号、图片、图片说明、图像数据、文献目录、索引六部分内容。

1. 编号

为了研究和整理的需要，将现有传世汉画材料统一编号。编号工作归属于一个国家项目协调（《中国汉代图像信息综合调查与数据库》为国家艺术科学"十五"规划项目）。方法是以省、区编号（如陕西 SSX，山西 SX）加市、县，或地区编号（如米脂 MZ）再加序列号（三位），同一汉画组合中的部件在序列号之后加横杠，再加序列号（两位）。比如米脂党家沟左门柱，标示为 SSX-MZ-005-01（说明：陕西—米脂—党家沟画像石墓—左门柱）。编号最终只有技术性排序，即首先根据"地点"的拼音缩写的字母排列顺序，在同一地点的根据工作序列号的顺序排序。

地点是以出土地为第一选择，不在原地但仍然有确切信息断定其出土地的，归到出土地编号，并在图片说明中标示其收藏地和版权所有者。如果只能断定其出土地大区（省、区），则在小区（市、县、地区）部分用"××"表示。比如美国密西根大学博物馆藏的出自山东某地，标示为 SD-××-001。如果完全不能断定其出土地点，则以收藏地点缩写编号。

编号完成之后，索引、通检和引证将大为方便。论及某一个形象或画面，只要标注某编号，不仅简明统一，而且可以在《汉画总录》和与此相表里的国家图像数据库（文化部将中国汉代图像信息综合调查与数据库项目纳入"国家数据库专项"系统）中根据检索方法立即找到其照片、拓片、线图、相关图像和墓葬的全部信息，以及关于这个对象尽可能全面的全部研究成果，甚至将来还可以检索到古文献和出土文献的相关信息，以及同一类型图像或近似图像的公布、保存和研究情况。

2. 图片

记录汉代画像石、画像砖的图片采取拓片、照片和线图相比照的方式处理。[1] 传统著录汉画的方式是拓片，拓片的特点是原尺寸拓印。同时，拓片制作时存在对图像的取舍和捶拓手工轻重粗精之别，而成为独立于原石的艺术品。拓片不能完整记录墓葬中画像砖石的相互衔接和位置关系，以及墓葬内的建筑信息，无法记录画像石上的墨线和色彩，对于非平面的、凸凹起伏的浮雕类画

---

[1] 由于在《汉画总录》的编辑方针中，将线描用于对图像的解释和补充，线描制作者的观点和认识会有助于读者理解，但也形成了一定的误导和局限，因此在无必要时，将逐步减少线描的数量，而把这个工作留待读者在研究时自行完成。

像砖石，也不能有效地记录其立体造型。不同拓片制作者以及每次制得的拓片都会有差异。使用拓片一个有意无意的后果是拓片代替原石成为研究的起点，影响了对画像石的感受和认知。拓片便利了研究的同时也限制了研究。只是有些画像砖石原件已失，仅存拓片，或者原石残损严重，记录画像砖石的拓片则为一种必要的方法。

照片对画像砖石的记录可以反映原件的质地和刻划方法、浮雕的凸凹起伏，能够记录砖石上的墨线和色彩，是高质量的图像记录中不可缺失的环节。线图可以着重、清晰地描绘物像的造型和轮廓，同时作为一种阐释的方法，可以展示、考察、记录研究者对图像的辨识和推证。采取线图、照片、拓片相结合的途径记录画像砖石，可相互取长补短，较为完备。

帛画、壁画和器物纹样一般采用照片和线图。

其他立体图像采用照片、三维计算机图形、平面图和各种推测性的复原图及局部线图。组合图与其他图表的使用，在多部组合关系明确的情况下，一般会给出组合图加以标明，用线描图呈现；在多部组合而关系不明确的情况下则或缺存疑。其他测绘图、剖面图、平面图以及相关列表等均根据需要，随著录列出，视为一种图解性质的"说明"。[2]

3. 图片说明

图片说明分为两个部分。其一是关于图片的基本信息，归入"4. 图像数据"中说明；其二是对于图像内容的描述。描述古代图像时，基于古今处在不同的观念体系中的这一个基本前提，采取不同方式判定图像。

3.1 尝试还原到当时的概念中给予解释[3]，在此方向下通常有两种途径。

3.1.1 检索古代文献中与图像对应的记载或描述，作出判定。但现存的问题，一是并非所有图像都能在文献中找到相应的记载或解释，即缺乏完备性；二是这种对应关系是人为赋予的，文献

---

[2] 根据编辑需要，在材料和技术允许的情况下，会给出部分组合关系图。由于编辑过程受到各种条件的限制，尽其努力也无法解决全卷缺少部分原石图、拓片、线图的情况，或者极个别原石尺寸不齐的情况，目前保持阙如，待今后在补遗卷中争取弥补。

[3] 任何方式中我们都不可能完全脱离今人的认识结构这一立足点，不可能清除解释过程中"我"的存在，难以避免以今人的观念结构去驾驭古代的概念。完全回到当时当地观念中去只是设想。解释策略决定了解释结果。在第一种方式中，我们的目的不是把自己置换到古人的处境中去体验，而是去认识古人所用概念及其间结构关系。

与图像并不存在必然的联系，且不同研究者可能做出不同的判断[4]；三是现存文献只是当时多种版本的一种，民间工匠制作画像石所依据的口述或文字版本未必与经过梳理的传世文献（多为正史、官方记录和知识分子的叙述）相符。

3.1.2 依据出土壁画上的题记、画像砖石上的榜题、器物上的铭文等出土文字材料，对相应图像做出判定，这种方式切近实况，能反映当时当地的用语，但是能找到对应题记的图像只占图像总体的一小部分。

3.2 在缺失文献的情况下，重构一种图像描述的方式——尽量类型化并具有明晰的公认性。如大量出现的独角兽，在尚不确定称其为"兕"还是"獬豸"时，便暂描述为独角兽，尽管现存汉代文献中可能无"独角兽"一词。同时，图像描述采取结构性方式，即先不做局部意义指定，而是在形状—形象—图画—幅面—建筑结构—地下地上关系—墓葬与生宅的关系—存世遗迹和佚失部分（黑箱）之间的关系等关系结构中，判定图像的性质或意义。尽管没有文字信息，图像在画面和墓葬中的位置和形相关系提供了考察其意义和功能的线索。

在实际图片说明中，上述两种方式往往并用。对图像的描述是在意识到这些问题的情况下展开的，部分指谓和用语延承了以往的研究，部分使用了新词，但都不代表对图像含义的最终判定，而只是一种描述。

4. 图像数据

图片的基本信息（诸如编号、尺寸、质地、时代、出土地、收藏单位等）实际上是图像数据库的一个简明提示。收入的汉画相关信息通过数据库的方式著录，其中包括画像石编号、拓片号、原石照片编号、原石尺寸[5]、画面尺寸、画面简述、时代、出土时间、征集时间、出土地[6]、收藏单位、原收藏号、原石状况（现状）、所属墓葬编号[7]、组合关系、著录与文献等项。文字、质地、色

[4] 关于此前题材判定和分类的方法和问题，参见盛磊《四川汉代画像题材类型问题研究》，硕士学位论文，北京大学，2002年。

[5] 原石尺寸的单位均为厘米，书中不再标识。

[6] 出土与征集的区分以是否经过科学发掘为界，凡经正式发掘（无论考古报告发表与否）均记为出土，凡非正式发掘（即使有明确出土地点和位置）均记为征集。

[7] 所属墓葬因发掘批次和年代各异，故记为发掘时间加当时墓葬编号，如1981M3表示党家沟1981年发掘的第3号墓葬。

彩、制作者、订件人、所在位置、相关器物、鉴定意见、发现人中有可著录者，均在备注项中列出。画像石墓表包括墓葬所在地、时代、墓葬所处地理环境、封土情况、发现和清理发掘时间、墓向、墓葬形制、随葬器物、棺椁尸骨、画像石装置，发现人、发掘主持人也在备注项中注出。建立数据库的目的和价值在于对数据库中的所有记录进行检索、比较、统计、分析，以期达到研究的完备性和规范性。[8]

5. 文献目录

文献目录列出一个区域（指对汉画集中地区的归纳，如陕北、南阳、徐州、四川等，多根据汉画研究的分区，而非严格的行政区划）有关汉画内容的古文献、研究论著和论文索引，并附内容提要。在每件汉画著录中列专项注出其相关研究文献。

6. 索引

按主题词和关键词建立索引项，待全部工作结束之后，做成总索引。因为《汉画总录》的分卷编辑虽然是按现在保管地区为单位齐头并进，但各种图像材料基本按出土地点各归其所，所以地名部分不出分卷索引，只在总索引中另行编排。

朱青生

北京大学历史学系艺术史教研室

北京大学汉画研究所

2006 年 7 月 31 日

---

[8] 对于存在大量样本和繁杂信息的研究对象，数据库的应用是有效的。在考古类型学中，传统的制表耗费时力，且不便记忆和阅读，细碎的分类常有割裂有机整体之弊。《汉画总录》的设想是：（1）无论已有公论还是存疑的图像，一律不沿用旧有的命名及在此基础上的分类，而按一致的规范和方法记录；（2）扩大图像信息的范畴，全面记录相关要素，包括出土状况（发掘/清理/收集）、发现人、出土时间、出土地点及其所属古代区划、画像材质、尺寸、所属墓葬形制、画像位置、随葬器物及其位置、画像保存状况、铭文、已有断代、画像资料出处、相关图片、相关研究、收藏地等。图像则记录单位图像的位置及其间的组合情况；（3）利用数据库，按不同线索和层次对图像信息进行查询、检索，根据统计结果作出判断。

目 录

前　言

　　目前全国画像石的分布区域，大致划定了四个大区，陕北为其一。按照今天的行政区划，陕北应包括延安、榆林两个地区。早在 20 世纪 20 年代发现郭季妃夫妇合葬墓画像石以来，榆林地区所辖的十二个县中，绥德、米脂、神木、榆阳区、靖边、横山、子洲、清涧、吴堡等地不断发现画像石，截至目前，数量已逾 1200 块。北部相邻的内蒙古地区壁画墓的发现和少量的画像石出土，说明画像石的流行地域已经北至内蒙古包头一带。[1]东南部隔黄河相望的山西省晋西北离石地区大量和陕北画像石风格相一致的画像石的发现，均打破了今天关于"陕北"的行政区划。而南部与榆林毗连区划属于"陕北"的延安地区却至今未见有汉代画像石出土的报道。

　　汉代的上郡、西河、朔方等郡同属并州。上郡辖地极广，东部已过黄河，西部至梁山山脉，北部跨越圜水直至无定河流域，南部尽桥山包括了延安地区的部分地域。西河郡本魏地，战国末并入秦。大致范围在今内蒙古伊克昭盟、榆林市、晋西北地区。顺帝永和五年（公元 140 年）汉王朝迫于匈奴的军事威胁，将西河郡治所由内蒙古的平定迁至今山西省离石县。今陕北榆林地区和山西省吕梁地区、内蒙古中南部部分地区分别是上郡和西河郡的辖地，画像石就出在汉代上郡和西河郡的辖地范围内。因此，目前，不论从汉代郡县的格局和范围，还是从今天的行政区划来看，加上画像石出土情况的佐证，"陕北画像石"这一习惯性称谓显然不准确，以行政区划分别称之"榆林地区画像石"、"晋西北画像石"、"伊克昭盟画像石"较为合适。

　　榆林地区画像石墓主要分布在盛产石板的汉代郡县设置地的周围，即今无定河流域的绥德、米脂、子洲、清涧、吴堡县，突尾河流域的神木县，位于长城沿线，又在无定河流域的榆阳区、横山、靖边三县均有发现。神木县大保当、乔岔滩、榆阳区麻黄梁、红石桥的画像石出土地，已跨越长城以外。画像石中狩猎题材的画面，头戴胡帽、身着异服、脚蹬筒靴的牵驼人，舞者，技击者形象，墓葬中以狗、羊、鹿杀殉的习俗，残留的随葬器物铜马具、带扣等，明显具有匈奴文化特征；肩部篆刻"羌"字的陶罐，明显反映了羌人的遗风。这些实物资料对于研究古代北方多民族聚居的大概情形弥足珍贵。

　　秦汉时期，上郡、西河郡均为边郡之地，屯兵必多，加上移民实边的人数增加，促进了这一带的农牧业、手工业和商业的大发展，随之产生了众多大地主、大牧主、经商富户，还有那些成边的将士，他们或者富甲一方，或者权势赫赫，在盛产石板的上郡、西河郡的辖地范围内，众多权势之流、富豪之辈，争相效仿，营造规格相对较高的画像石墓的群体逐渐形成，用画像石装饰

---

[1]　《包头发现汉代彩绘画像石墓》，载《美术观察》2008年第11期，34页。

墓室的葬俗便风行起来。绥德县黄家塔、四十里铺、延家岔，米脂县官庄，神木县大保当均有大的画像石墓葬群遗存。从铭刻文字的纪年石看，黄家塔、官庄同一墓地近距离内出土的多块铭刻王姓、牛姓的铭文，可证明是王氏、牛氏家族墓地。依据墓葬的排列形式、布局、墓室内的遗存，结合铭刻的文字内容，对于研究家族墓地形成的时代以及家族辈分之间的承袭关系都是不可多得的实物佐证。

汉代上郡、西河郡一带一定有些享誉一时的能工巧匠，绥德黄家塔辽东太守墓出土的画像石上铭刻的"巧工王子、王成"就是其中的代表。神木大保当、绥德郝家沟、榆阳区麻黄梁出土的画像石上，形制规格完全相同的长方形印记，是否就是当时某个活跃在从神木到绥德数百里地域内的知名匠师或石工作坊的标识，也是我们探索诸如区域性艺术和不同工匠的技术水平、传统特色的实物依据。

榆林地区画像石产生、盛行的时代背景（包括政治、经济、文化、观念和习俗），与其他地区画像石的源流关系、地域性差异，制作画像石的匠师、石工的组合及流派，使用格套模本的制作习惯、地域习惯和流行风气等因素所起的作用，同一题材的单元在画像石中的应用、同一题材的画像石在墓室设放的位置，特定区域不同时期的画像题材、技法和风格变化，等等，都是有待进一步追索的课题。

《汉画总录》1-10 卷采用数据库方式著录目前所能收集到的画像石的原石照、拓片和线描图，编辑时不对所见材料做任何刻意诠释，而是作为对榆林地区画像石进行整体性观察和研究的较为全面的基础样本。

《汉画总录》编辑部

编号	SSX-SM-001-01
时代	东汉
原收藏号	1957M1：02
出土地	大保当
原石尺寸	121×36×7
画面尺寸	82.5×26
质地	砂岩
原石情况	正面平整。背面欠平整。中部突起。上侧面平整，凿斜条纹。下侧面呈毛石状。左、右侧面平整，凿人字纹。
所属墓群	1957M1
组合关系	左门柱，与门楣石，右门柱，左、右门扉为墓门面五石组合。
画面简述	画面分为上、下两格，上格分内、外两栏。外栏刻卷云二方连续图案。内栏上部鸡首鸟翅人身神坐于仙山神树之巅。树干间的两小树顶端，一狐粗尾上扬，回首站立。一鸟缩颈收翅，站立树顶。下刻一门吏，头戴平帻巾，身着长襦大袴，拥篲面门而立。下格刻玄武。
著录与文献	王炜林：《神木大保当——汉代城址与墓葬考古报告》，北京：文物出版社，2001年，168页，图2。
出土/征集时间	1958年出土，1997年征集
收藏地	神木县博物馆

编号	SSX-SM-001-02
时代	东汉
原收藏号	1957M1：03
出土地	大保当
原石尺寸	118×36×6
画面尺寸	80×26
质地	砂岩
原石情况	正面平整。背面欠平整。中部突起。上侧面平整，凿斜条纹。下侧面呈毛石状。左、右侧面平整，凿人字纹。
所属墓群	1957M1
组合关系	右门柱，与门楣石，左门柱，左、右门扉为墓门面五石组合。
画面简述	画面分为上、下两格，上格分内、外两栏。外栏刻卷云二方连续图案。内栏上牛首鸟翅人身神坐于仙山神树之巅。树干间的两小树顶端，一狐粗尾上扬，回首站立。一鸟缩颈收翅，站立树顶。下刻一门吏头戴平帻巾，身着长襦大袴，持棨戟面门而立。下格刻玄武。
著录与文献	王炜林：《神木大保当——汉代城址与墓葬考古报告》，北京：文物出版社，2001 年 168 页，图 3。
出土/征集时间	1958 年出土，1997 年征集
收藏地	神木县博物馆

编号	SSX-SM-001-03
时代	东汉
原收藏号	1957M1：04
出土地	大保当
原石尺寸	110×50×5
画面尺寸	86.5×30.5
质地	砂岩
原石情况	正面、背面均平整。上、下、左、右四个侧面平整，均凿人字纹。
所属墓群	1957M1
组合关系	左门扉，与门楣石，左、右门柱，右门扉为墓门面五石组合。
画面简述	朱雀、铺首、翼虎。上为一朱雀举足振翅，尾羽抖翘，作欲腾飞之状。中为铺首衔环，朱雀的尾羽有眼状斑，铺首的眉、眼均用阴线刻画。下刻翼虎。
著录与文献	王炜林：《神木大保当——汉代城址与墓葬考古报告》，北京：文物出版社，2001年，169页，图4。
出土/征集时间	1957年出土，1997年征集
收藏地	神木县博物馆

编号	SSX-SM-001-04
时代	东汉
原收藏号	1957M1：05
出土地	大保当
原石尺寸	110×49×5
画面尺寸	86.5×30
质地	砂岩
原石情况	正面、背面平整。左、右侧面平整，凿人字纹。上、下侧面靠正面处凿条纹，靠背面处有凿痕。
所属墓群	1957M1
组合关系	右门扉，与门楣石，左、右门柱，左门扉为墓门面五石组合。
画面简述	朱雀、铺首、翼龙。上为一朱雀举足振翅，尾羽抖翘，作欲腾飞之状。朱雀尾羽上的眼状斑以阴刻手法与左门柱朱雀的尾羽眼状斑相区别。中为铺首衔环。铺首的眉、眼亦以阴线刻画，但眉毛的形状、眼睛的大小与左门扉中铺首的眉、眼有所区别。可否理解成是为了突出雌雄之别？下刻一龙。
著录与文献	王炜林：《神木大保当——汉代城址与墓葬考古报告》，北京：文物出版社，2001年，图5。
出土/征集时间	1957年出土，1997年征集
收藏地	神木县博物馆

编号	SSX-SM-002-01
时代	东汉
原收藏号	不详
出土地	大保当
原石尺寸	110×52
画面尺寸	110×52
质地	砂岩
原石情况	断为两截，稍有剥蚀。
所属墓群	不详
组合关系	左门扉，与门楣石，左、右门柱，右门扉为墓门面五石组合。
画面简述	朱雀、铺首图。上为朱雀、下刻铺首衔环。朱雀头顶的冠和长尾以弧线刻画，与用直线刻画的双翅和站立的腿形成鲜明对照。朱雀口内含丹。铺首的刻画也很独特，两耳向上斜伸，额头没有惯用的桃形突起；圆睁的双目、耳廓均阳刻与阴刻并举。长方形的口腔内，阴刻排列整齐、分出上下的牙齿。
著录与文献	王炜林:《神木大保当——汉代城址与墓葬考古报告》，北京:文物出版社，2001 年，图 1。
出土/征集时间	1958 年出土，1998 年征集
收藏地	榆林市汉画像石馆
备注	画面除物像之外全部减地，没刻边框，这在陕北画像石门扉格式中较为少见。

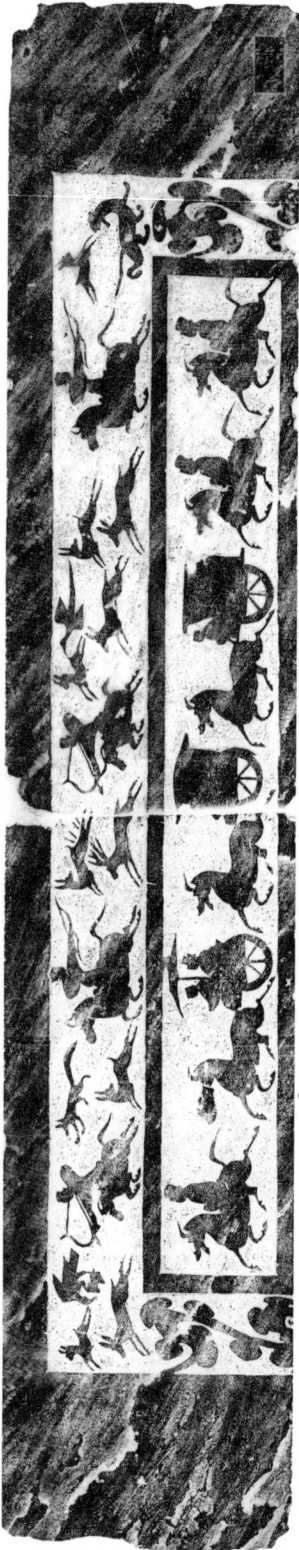

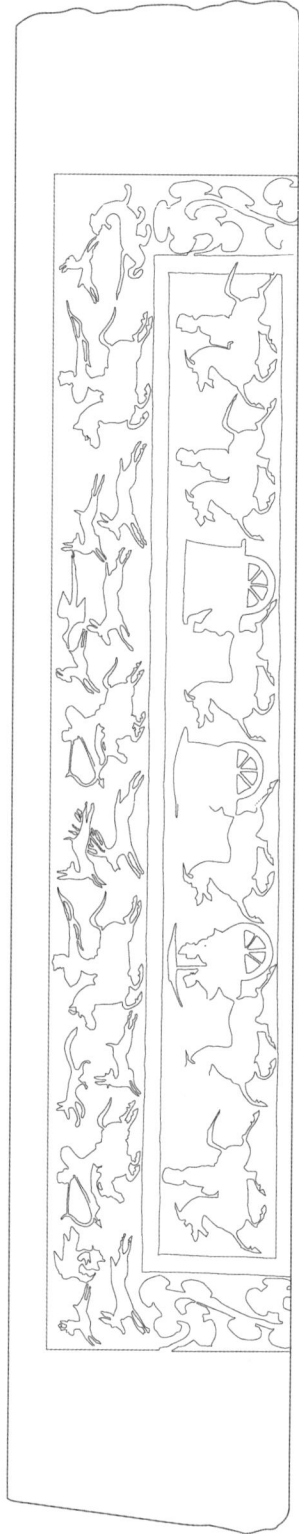

编号 SSX-SM-003-01

时代 东汉

原收藏号 M1:3

出土地 大保当

原石尺寸 205×39×7.5

画面尺寸 149×30

质地 砂岩

原石情况 断为两块。正面平整，左段拉车马马头处有一直径8厘米的铁锈斑。背面稍有剥蚀。上侧面靠正面约3厘米的石面平整且常呈斜条纹。靠背背面的石面呈毛石状。左侧面为断痕，右侧面呈毛石状。

所属墓群 1996M1

组合关系 门楣石、与左、右门柱、左、右门扉为墓门面五石组合。

画面简述 画面分为内、外两栏，外栏为狩猎图。左、右两下端卷云纹与左、右门柱上格外栏卷云纹衔接。画面中四猎手追射惊恐奔逃的鹿、兔、狐、虎。空白处黄刻了苍鹰踏兔、飞鸟。内栏为车骑组合图。一辆轺车、一辆骈车、一辆辎车以及三名骑吏前导与后从。图中物像分别以深褐、朱红、黑、白等彩涂染，以墨线勾绘。其中一鹿身上以连串红彩滴表示受伤滴血，趣意盎然，极其生动。

著录与文献 汤池：《中国画像石全集5：陕西、山西汉画像石》，济南：山东美术出版社，2000年，图223；王炜林：《神木大保当——汉代城址与墓葬考古报告》，北京：文物出版社，2001年，图37。

出土/征集时间 1996年出土

收藏地 榆林市汉画像石馆

备注 外栏四猎手，被围猎的动物，下栏拉车的马，骑吏使用模板制作的情况明显可见。

编号	SSX-SM-003-02
时代	东汉
原收藏号	M1：1
出土地	大保当
原石尺寸	125×35×8
画面尺寸	97.5×29
质地	砂岩
原石情况	正面、背面平整。背面有不规则凿痕。上侧面平整，亦有不规则凿痕。右侧面平整，凿刻规整的人字纹。左侧面、下侧面呈毛石状。
所属墓群	1996M1
组合关系	左门柱，与门楣石，右门柱，左、右门扉为墓门面五石组合。
画面简述	画面自上而下分为三格，上格分为内、外两栏。外栏刻卷云纹，与门楣石外栏卷云纹衔接。卷云纹涂以红彩并用墨线勾勒。内栏分为三格，上格两人一前一后站立，前站者戴通天冠，着袍，似在讲述。后一人头戴平巾帻，着袍，袖手站立（怀抱一物？）。中格为舞蹈图。一舞伎头梳垂髫髻，着袿衣翩翩起舞；另一人亦梳垂髫髻，拥袖伫立观看。下格舞蹈图。一舞伎着袍，挥长袖翩翩起舞。另一妇人梳垂髫髻，拥袖站立。第二格一辆辇车停立，驭手坐于车前。画面下部有三只鸡，前两只伸颈回首，与相随的鸡呼应。第三格刻翼虎，腰圆体壮，粗尾上扬。图中物像亦以深褐、朱红、黑、白等彩涂染，以墨线勾绘。
著录与文献	汤池：《中国画像石全集5：陕西、山西汉画像石》，济南：山东美术出版社，2000年，图222；王炜林：《神木大保当——汉代城址与墓葬考古报告》，北京：文物出版社，2001年，图37。
出土/征集时间	1996年出土
收藏地	榆林市汉画像石馆

编号	SSX-SM-003-03
时代	东汉
原收藏号	M1：4
出土地	大保当
原石尺寸	124×36.5×8.5
画面尺寸	98×29
质地	砂岩
原石情况	正面平整，背面原石有少量残凹面。左侧面上段凿规整的人字纹，下段为不同方向的斜条纹。右侧面凿刻人字纹。上、下侧面皆平整，上侧面凿人字纹。
所属墓群	1996M1
组合关系	右门柱，与门楣石，左门柱，左、右门扉为墓门面五石组合。
画面简述	画面自上而下分为三格，上格分为内、外两栏。外栏刻卷云纹，与门楣石外栏卷云纹衔接。卷云纹涂以红彩并用墨线勾勒。内栏分为三格，上格两人一前一后站立，前站者戴通天冠，着襜褕，似在讲述。后一人头戴平巾帻，着袍，袖手（怀抱一物？）站立。中格为舞蹈图。一舞伎头梳垂髻髻，着袿衣翩翩起舞。（《释名·释衣服》："妇人之上服曰袿。"）另一人亦梳垂髻髻，拥袖（抱物）伫立观看（伴奏）。下格舞蹈图。一舞伎着拖地长裙，挥长袖翩翩起舞。另一妇人梳垂髻髻，拥袖站立。第二格一辆辇车停立，驭手坐于车前。画面下部三只鸡悠闲漫步，前两只伸颈回首，与相随的鸡呼应。第三格刻一翼龙。图中物像亦以深褐、朱红、黑、白等彩涂，以墨线勾绘。
著录与文献	汤池：《中国画像石全集5：陕西、山西汉画像石》，济南：山东美术出版社，2000年，图221；王炜林：《神木大保当——汉代城址与墓葬考古报告》，北京：文物出版社，2001年，图37。
出土/征集时间	1996年出土
收藏地	榆林市汉画像石馆
备注	左右门柱为同一格套，除第三格分别为虎龙外，其余图像在制作中明显看出使用了同一模板。

编号	SSX-SM-003-04
时代	东汉
原收藏号	M1：5
出土地	大保当
原石尺寸	111×49.5×6.5
画面尺寸	91×35
质地	砂岩
原石情况	石刻断为两截。门闩孔呈 2×1.3 厘米的长方形。正面凹凸不平，画面依石就势凿刻。背面亦凹凸不平。左、右、上、下侧面平整，皆凿条纹。连门枢面上也凿了条纹和斜条纹。
所属墓群	1996M1
组合关系	右门扉，与门楣石，左、右门柱，左门扉为墓门面五石组合。
画面简述	朱雀、铺首、独角兽。画面上为朱雀，中间铺首衔环，下刻独角兽。以鸡、鸭、攀猿补白。铺首眉、眼，独角兽的眼均用阴线刻画。
著录与文献	王炜林：《神木大保当——汉代城址与墓葬考古报告》，北京：文物出版社，2001 年，图 37。
出土/征集时间	1996 年出土
收藏地	榆林市汉画像石馆

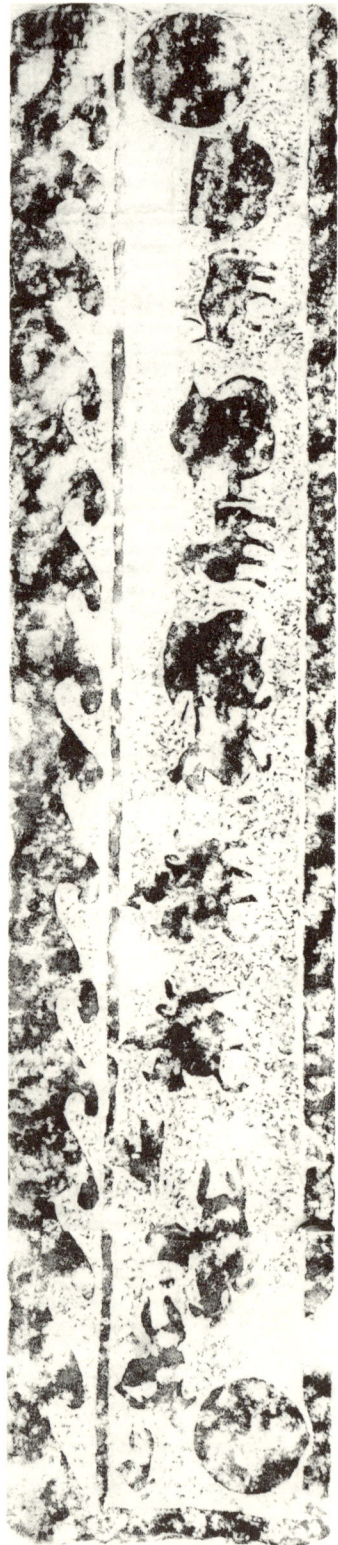

编　　号　　SSX-SM-004-01

时　　代　　东汉

原收藏号　　M2：9

出土地　　大保当

原石尺寸　　185×33×7

画面尺寸　　155.5×29

质　　地　　砂岩

原石情况　　正面凹凸不平。背面大部分平整，左下部有低凹处。右侧面呈凹凸不平状。上、下侧面平整，凿人字纹。

所属墓群　　1996M2

组合关系　　门楣石，与左、右门柱，左、右门扉为墓门面五石组合。

画面简述　　画面分上、下两栏。上栏是规整的波浪纹（？）。下栏为车骑组合图。画面左下端阴刻一圆，象征月亮；右上端阴刻一圆。左半部画面漫漶剥蚀，除四匹马外，其余物像难以辨识。右半部一辆骈车奔驰，一辆铭（？）车静立，一辆牛（辇？）车缓步前行。

著录与文献　　王炜林：《神木大保当——汉代城址与墓葬考古报告》，北京：文物出版社，2001年，图44。

出土/征集时间　　1996年出土

收藏地　　神木县博物馆

编号	SSX-SM-004-02
时代	东汉
原收藏号	M2：6
出土地	大保当
原石尺寸	110×32×5.5
画面尺寸	83×24
质地	砂岩
原石情况	正面凹凸不平。背面欠平整。右侧面平整，有不规整凿纹。左侧面呈毛石状。上、下侧面平整，凿人字纹。
所属墓群	1996M2
组合关系	左门柱，与门楣石，右门柱，左、右门扉为墓门面五石组合。
画面简述	刻画禽兽图。画面自上而下为一虎作前扑状，一朱雀伫立，两犬追逐嬉戏，一双峰驼和一翼马站立。
著录与文献	王炜林：《神木大保当——汉代城址与墓葬考古报告》，北京：文物出版社，2001年，图46。
出土/征集时间	1996年出土
收藏地	神木县博物馆

编号	SSX-SM-004-03
时代	东汉
原收藏号	M2：7
出土地	大保当
原石尺寸	106×30×4.5
画面尺寸	79×23
质地	砂岩
原石情况	正面欠平整，右上角残缺。背面基本平整，上下段薄厚不一，均有凿纹。左侧面基本平整，有明显凿纹。右侧面欠平整，亦有凿痕。上、下侧面平整，有凿痕。
所属墓群	1996M2
组合关系	右门柱，与门楣石，左门柱，左、右门扉为墓门面五石组合。
画面简述	刻画禽兽图。画面自上而下为一翼龙作飞腾状，旁有飞翔的羽人；一朱雀伫立；两犬追逐嬉戏，其下有一不明物；另有一双峰驼站立，一牛缓步行走，左下角一犬奔跑回首。
著录与文献	王炜林：《神木大保当——汉代城址与墓葬考古报告》，北京：文物出版社，2001年，图45。
出土/征集时间	1996年出土
收藏地	神木县博物馆

编号	SSX-SM-004-04
时代	东汉
原收藏号	M2：5
出土地	大保当
原石尺寸	104×48.5×7
画面尺寸	93×39.5
质地	砂岩
原石情况	正面凹凸不平，左上角残缺。背面欠平整。左上门枢残失。左、右侧面基本平整，有明显凿痕。上、侧面平整有凿痕，下侧面凿条纹。
所属墓群	1996M2
组合关系	左门扉，与门楣石，左、右门柱，右门扉为墓门面五石组合。
画面简述	朱雀、铺首、独角兽。上为一朱雀举足振翅作腾飞状。中间为铺首衔环，铺首的造型较为特别，桃形额头两边生出了双角，眼睛长在双耳之下，所衔之环也不圆，整个面部刻画不清晰。下为独角兽，画面空隙处补白一朱雀伫立，一犬静卧，一犬飞奔，一马伫立。
著录与文献	王炜林：《神木大保当——汉代城址与墓葬考古报告》，北京：文物出版社，2001年，图47。
出土/征集时间	1996年出土
收藏地	神木县博物馆

编号	SSX-SM-004-05
时代	东汉
原收藏号	M2：4
出土地	大保当
原石尺寸	106×48.5×7.6
画面尺寸	94×39.5
质地	砂岩
原石情况	正面凹凸不平，右上角残缺。背面欠平整且石块上下薄厚不一，右门枢残失。左、右侧面基本平整，有明显凿痕。上、下侧面平整，上侧面有凿痕，下侧面凿条纹。
所属墓群	1996M2
组合关系	右门扉，与门楣石，左、右门柱，左门扉为墓门面五石组合。
画面简述	朱雀、铺首、独角兽。上为一朱雀举足振翅作腾飞状。中间为铺首衔环，铺首的造型较为特别，桃形额头两边生出了双角，眼睛长在双耳之下，所衔之环也不圆，整个面部刻画不清晰。下为独角兽，补白一朱雀伫立，一犬静卧，一犬飞奔，一马伫立。
著录与文献	王炜林：《神木大保当——汉代城址与墓葬考古报告》，北京：文物出版社，2001年，图48。
出土/征集时间	1996年出土
收藏地	神木县博物馆
备注	右门扉与左门扉画面布局和刻画内容完全相同，只是各种禽、兽朝向相反，使两门扉图像相互对应。可看出使用同一模板制作。墓门面五块画像石均在减地处施加不够规则均匀的麻点，物像边缘的凿刻略呈斜坡状，增加了物像的浮凸感。

编号	SSX-SM-005-01
时代	东汉
原收藏号	M3：2
出土地	大保当
原石尺寸	140×30.5×7.5
画面尺寸	140×28
质地	砂岩
原石情况	正面平整，上栏左、右两端剥蚀漫漶。背面基本平整，有凿痕和条纹。左、右侧面呈毛石状。上侧面大平整，有凿痕。下侧面平整，人字头处、凿刻人字纹，阴刻一条直线。
所属墓群	1996M3
组合关系	门楣石、与左、右门柱，左、右门扉为墓门扉门五石组合。
画面简述	画面分上、下两栏。上栏为边饰，刻画卷云纹。下栏为车骑狩猎图。画面两边刻画连绵起伏的山丘。山峰上，山腰同均生长枝叶繁茂的树林。一株树顶有鸟站立，一孤鸟于其间。山林中飞鸟，起伏的山丘以墨线勾勒。车骑狩猎队伍从右向左行进，最前面的两猎手一人转身朝后张弓瞄准空中飞鸟，一人俯身朝前追射向山丘奔逃的鹿的，鹿身已经中箭。车骑狩猎队伍，一骑吏头戴武士冠，衬赤红袍，身着红袍，策马前号。之后一辆轺车奔驰，驾车的驭手头戴黑色黑帻巾，挽缰扬鞭。车内主人头戴红冠，身着红袍，车上亦有驭手驾驶，车内乘坐者疑为女主人。辇车居后。车上又见驭手。车骑狩猎队伍的左右还有三名头戴亦巾，身着红袍，车骑便面的伍伯伴随护卫。一名手持勾首棍杖，手持便面的伍伯伴随护卫。一名手持勾首棍杖，头戴胡帽随护卫的人牵一路驼随行其间。道中又以狐、苍鹰路兔、弃虎，黄羊补白。
著录与文献	王炜林：《神木大保当——汉代城址与墓葬考古报告》，北京：文物出版社，2001年，图51；汤池：《中国画像石全集5：陕西、山西汉画像石》，济南：山东美术出版社，2000年，图213。
出土/征集时间	1996年出土
收藏地	榆林市汉画像石馆

编号	SSX-SM-005-02
时代	东汉
原收藏号	M3：4
出土地	大保当
原石尺寸	104×28×5.5
画面尺寸	97.5×22
质地	砂岩
原石情况	原石断为两截。正面平整，右边框中段残缺。背面欠平整。上侧面平整，凿刻人字纹。下侧面基本平整。左侧面呈毛石状。右侧面靠正面4-5厘米处平整且有凿痕，靠背面处不平整。
所属墓群	1996M3
组合关系	左门柱，与门楣石，右门柱，左、右门扉为墓门面五石组合。
画面简述	阁楼、翼虎、荷剑吏图。画面分为上、下两格，上格刻一重檐庑殿式阁楼，一层楼体涂朱红色，墨线勾勒两朱红色门扉的合缝，两侧羽人作掩门状。屋顶左、右屋面上均有立鸟，头小颈细长，回首作鸣叫状。鸟喙和双腿敷红彩，鸟身以墨线勾勒。二层阁楼正面两根红色木柱支撑屋顶，四周有卧棂式围栏，均涂红色。楼内对坐二人，居左者戴冠着红袍，居右者挽髻着绿袍。两人各抬一手对饮（对语？博弈？）。屋顶一侧漫漶，一侧站立一鸟，亦作回首鸣叫状。下格刻一大一小两只翼虎，均体壮尾长。大翼虎躯体涂白彩，右前爪扑一不明物。小翼虎后腿和颈下施红彩，口衔一株仙草。画面下端刻一门吏头戴笼冠，衬赤巾，身着长襦大袴，手执笏板，腰佩长剑，剑柄所系红色络缨垂挂腰间。左下角伸出一支柿蒂形叶。门吏头部左上方有一八瓣花朵，花蕊涂红。
著录与文献	王炜林：《神木大保当——汉代城址与墓葬考古报告》，北京：文物出版社，2001年，图51。
出土/征集时间	1996年出土
收藏地	榆林市汉画像石馆

编号	SSX-SM-005-03
时代	东汉
原收藏号	M3：3
出土地	大保当
原石尺寸	107×25.5×5.3
画面尺寸	100×23
质地	砂岩
原石情况	原石断为两截。正面平整。背面欠平整。上侧面欠平整且有凿纹，下侧面呈毛石状。左侧面欠平整但有凿痕，右侧面平整，凿刻人字纹，人字头阳刻成一条线突起。
所属墓群	1996M3
组合关系	右门柱，与门楣石，左门柱，左、右门扉为墓门面五石组合。
画面简述	阁楼、翼龙、荷剑吏。楼下刻一翼龙，前爪抓一不明物。一羽人跪于地，手执长杆仙草。之下一荷剑吏、柿蒂形叶、八瓣团花。楣石和左、右门柱中的车骑人马，多以红、黑彩搭配涂绘。
著录与文献	王炜林：《神木大保当——汉代城址与墓葬考古报告》，北京：文物出版社，2001年，图51。
出土/征集时间	1996年出土
收藏地	榆林市汉画像石馆
备注	画面上格和下格部分与左门柱为同一格套，使用同一模板制作。

编号	SSX-SM-005-05
时代	东汉
原收藏号	M3：5
出土地	大保当
原石尺寸	33×33×9
画面尺寸	
质地	砂岩
原石情况	仅存残块。
所属墓群	1996M3
组合关系	镶嵌于墓室顶部正中
画面简述	左上角阳刻一圆，平面涂红色，是为日轮。内墨线绘三足鸟，伸颈回首作鸣叫状。右下角阳刻一圆，平面涂白色，应为月轮。日、月轮均以墨线勾勒（因残缺不明内绘图当为蟾蜍）。画面上还以蔓草、飞鸟补白。四边刻卷云，是为边饰。
著录与文献	王炜林：《神木大保当——汉代城址与墓葬考古报告》，北京：文物出版社，2001年，图55。
出土/征集时间	1996年出土
收藏地	榆林市汉画像石馆

编号　　　　SSX-SM-006-01

时代　　　　东汉

原收藏号　　M4:1

出土地　　　大保当

原石尺寸　　202×40×5.7

画面尺寸　　150×34

质地　　　　砂岩

原石情况　　正面、背面平整。上、下侧面平整，左、右侧面呈毛石状。

所属墓群　　1996M4

组合关系　　门楣石，与左、右门柱，左、右门扉为墓门面五石组合。

画面简述　　画面分内、外两栏。外栏为卷云瑞兽图。卷云中补白羽人和诸多灵禽瑞兽。从左到右有：倒照鹿、人面鸟、羽人扶云头、奔鹿、飞鸟、怪兽胶虎尾、羽人搜怪兽尾、羽人扑鹿、金鸟、玉兔捣药、怪兽头和飞鸟。左、右两上端阳刻一圆，分别象征日、月。内栏为灵禽瑞兽图。左、右两边各有一玉兔，一手持杵捣药。两麒麟相对作行走状。中间有翼虎、独角兽、朱雀、翼龙，从右向左行进。

著录与文献　王炜林：《神木大保当——汉代城址与墓葬考古报告》，北京：文物出版社，2001年，图59。

出土/征集时间　1996年出土

收藏地　　　榆林市汉画像石馆

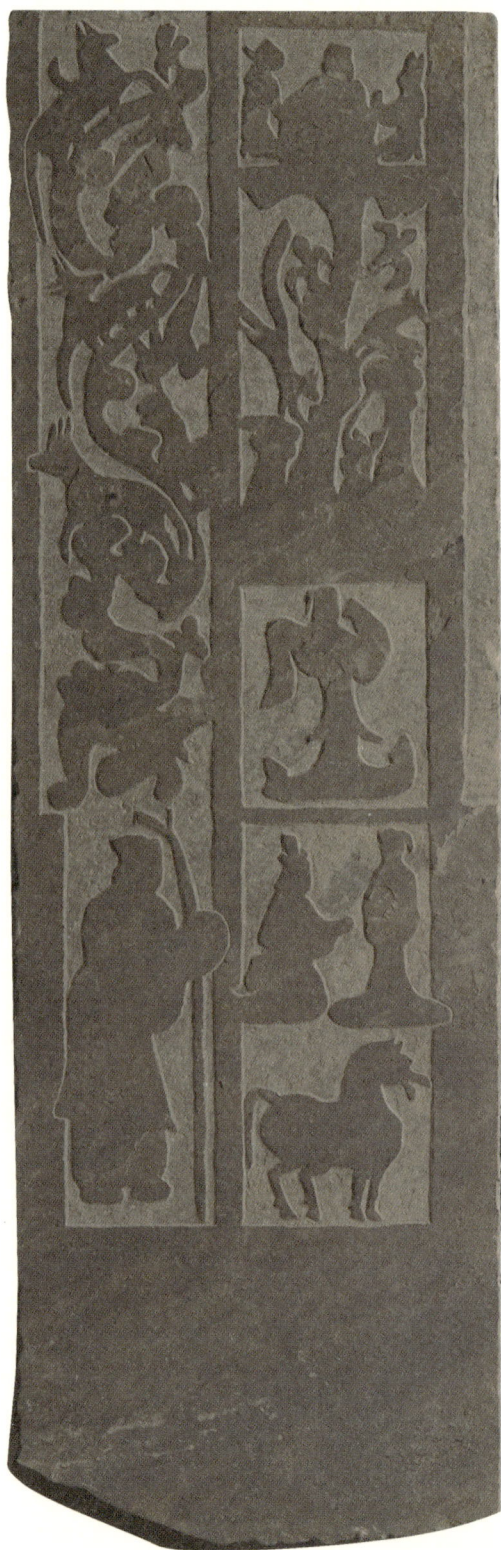

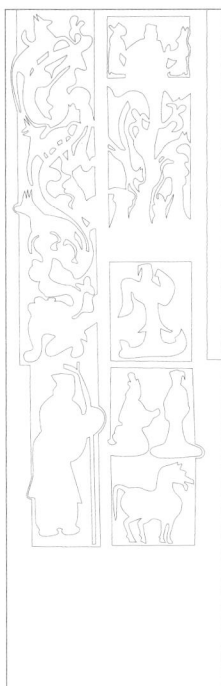

编号	SSX-SM-006-02
时代	东汉
原收藏号	M4：2
出土地	大保当
原石尺寸	110×36.5×7
画面尺寸	87×30
质地	砂岩
原石情况	正面、背面、上侧面平整。下侧面、右侧面呈毛石状。左侧面平整，刻人字纹。
所属墓群	1996M4
组合关系	左门柱，与门楣石，右门柱，左、右门扉为墓门面五石组合。
画面简述	画面分内、外两栏。外栏上部为卷云草瑞兽图。一猿跪于地，右前肢托地支撑，左前肢托举云头。云纹间一狐背生有翼，一狐头生三角，一鹿生有六腿，一羽人按虎首。下部一门吏头戴平巾帻，身着长襦大袴，执棨戟面门站立。内栏分为三格，自上而下为：第一格神山仙树之上坐一神仙，左、右有两侍从跪侍。树干间有狐、飞鸟、鹿。第二格一女子头梳垂髫髻，身着袿衣，轻挥广袖，舞姿婀娜。第三格一男子头戴进贤冠，身着袍服跽坐于地。一女子头梳垂髫髻，着袍恭立于男子面前，似在听其讲述。下部一马伫立。
著录与文献	王炜林：《神木大保当——汉代城址与墓葬考古报告》，北京：文物出版社，2001年，图60。
出土/征集时间	1996年出土
收藏地	榆林市汉画像石馆

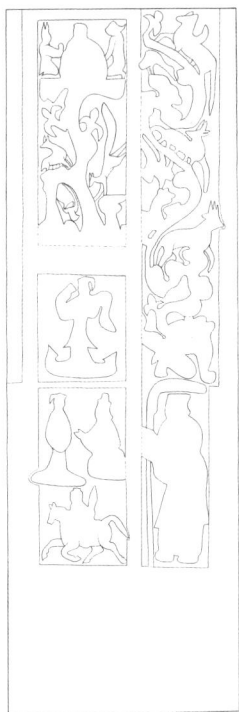

编号	SSX-SM-006-03
时代	东汉
原收藏号	M4：3
出土地	大保当
原石尺寸	109×36×7.5
画面尺寸	85×28
质地	砂岩
原石情况	正面、背面、上侧面平整。下侧面、左侧面呈毛石状。右侧面平整，刻人字纹。
所属墓群	1996M4
组合关系	右门柱，与门楣石，左门柱，左、右门扉为墓门面五石组合。
画面简述	画面分内、外两栏。外栏上部为卷云草瑞兽图。一猿跪于地，右前肢托地支撑，左前肢托举云头。云纹间一狐背生有翼，一狐头生三角，一鹿生有六腿，一羽人按虎首。这部分画面与左门柱为同一模板制作。下部一门吏头戴平巾帻，身着长襦大袴，执彗面门站立。内栏分为三格，自上而下为：第一格神山仙树之上坐一神仙，左、右两侍从跪侍。树干间有狐、飞鸟、倒照鹿。第二格一女子头梳垂髻髻，身着袿衣，轻挥广袖，舞姿婀娜。第三格一男子头戴进贤冠，身着袍服跽坐于地。一女子头梳垂髻髻，着拖地长裙恭立于男子面前，似在听其讲述。下部一骑吏头戴武弁，背负箭袋（兵器？）面门而行。
著录与文献	王炜林：《神木大保当——汉代城址与墓葬考古报告》，北京：文物出版社，2001年，图61。
出土/征集时间	1996年出土
收藏地	榆林市汉画像石馆

编号	SSX-SM-006-04
时代	东汉
原收藏号	M4：4
出土地	大保当
原石尺寸	110×52×5；上门枢宽 9 厘米，高 5 厘米
画面尺寸	95×34
质地	砂岩
原石情况	正面、背面平整。上、下、左、右侧面平整，刻人字纹。
所属墓群	1996M4
组合关系	左门扉，与门楣石，左、右门柱，右门扉为墓门面五石组合。
画面简述	朱雀、铺首衔环和独角兽。铺首的眼睛用阴线刻画。
著录与文献	王炜林：《神木大保当——汉代城址与墓葬考古报告》，北京：文物出版社，2001 年，图 62。
出土/征集时间	1996 年出土
收藏地	榆林市汉画像石馆

编号	SSX-SM-006-05
时代	东汉
原收藏号	M4：5
出土地	大保当
原石尺寸	109.5×52×5.7；上门枢宽 9 厘米，高 5 厘米
画面尺寸	95×34
质地	砂岩
原石情况	正面、背面平整。上、下、左、右侧面平整，刻人字纹。
所属墓群	1996M4
组合关系	右门扉，与门楣石，左、右门柱，左门扉为墓门面五石组合。
画面简述	朱雀、铺首衔环和独角兽。铺首的眼睛用阴线刻画。
著录与文献	王炜林：《神木大保当——汉代城址与墓葬考古报告》，北京：文物出版社，2001 年，图 63。
出土/征集时间	1996 年出土
收藏地	榆林市汉画像石馆
备注	左、右门扉显为同一模板制作。

编号	SSX-SM-007-01
时代	东汉
原收藏号	M5:1
出土地	大保当
原石尺寸	193.5×35.5×6
画面尺寸	153.5×30.5
质地	砂岩
原石情况	原石断为三块，下边缘有残缺。正面、背面平整。上、下侧面平整，刻不规则人字纹。左、右侧面呈毛石状。
所属墓群	1996M5
组合关系	门楣石。与左、右门柱、左、右门扉为墓门面五石组合。
画面简述	画面分上、下两栏。上栏为灵禽瑞兽图。左、右两端各阴刻一圆，象征日、月。日轮施红彩，石面漫漶，其中图案难以辨识。月轮施白彩，墨线勾绘的玉兔捣药依约可见。画面中独角羊短尾长腿，作行走状。一凤鸟飞翔。形状各异的三条翼龙，从左到右，第一条独角双翼，第二条双角单翼，且双角左右伸，头顶生柱状冠，与第二条翼龙双角明上直伸形成鲜明对照。三条龙卷曲上扬的尾，体态、四肢均有各自的形态。第二只虎上扬的尾呈花冠状。下栏为车骑狩猎图。画面左、右均为一马挽轺车奔驰。驾车的驭手头戴帻巾，身着红衣，扬鞭策马，两只虎亦各具情态。第二只乘车的主人头戴进贤冠，身着红袍。坐于车中、车的牙、车舆、衡、辕、车盖杆及伞盖后面的猎犬咬住了后腿，中间的狩猎图中，一猎手执弓于疾驰的马背上追射一兔，两猎手围追一兔，马后一兔被后面的猎犬追逐，野兔惊跳回首，腿部敷红彩以示流血。其上一朱雀飞翔。猎手均头戴赤巾，身着裤衣，马饰和鞍具均以墨线勾勒。
著录与文献	王炜林：《神木大保当——汉代城址与墓葬考古报告》，北京：文物出版社，2001年，图66。
出土/征集时间	1996年出土
收藏地	榆林市汉画像石馆

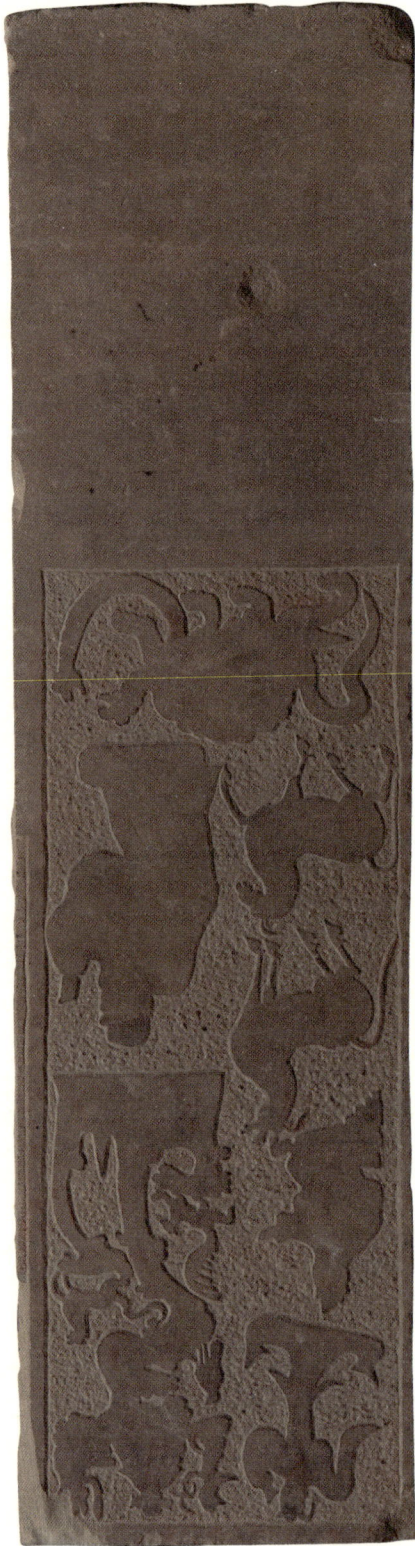

编号	SSX-SM-007-02
时代	东汉
原收藏号	M5：2
出土地	大保当
原石尺寸	121×32.5×6
画面尺寸	75×29
质地	砂岩
原石情况	正面、背面平整。上侧面平整，下侧面有粗凿纹。左、右侧面欠平整。
所属墓群	1996M5
组合关系	左门柱，与门楣石，右门柱，左、右门扉为墓门面五石组合。
画面简述	右上部西王母头戴胜仗，坐于神树之上，左、右有羽人持献灵芝仙草、玉兔捣药。树干间有金鸟、九尾狐、虎。山之下一人戴冠着襜褕，躬身隆背，双手捧笏站立。左上部一女子梳垂髻鬓，身着袿衣，长袖轻飞，翩翩起舞。一男子头戴进贤冠，身着襜褕，面西王母方向跽坐于地，手执一物作恭递状。之下两匹马，居上者引颈长嘶，居下者缓步行走。最下刻一玄武。
著录与文献	王炜林：《神木大保当——汉代城址与墓葬考古报告》，北京：文物出版社，2001年，图66。
出土/征集时间	1996年出土
收藏地	榆林市汉画像石馆

编号	SSX-SM-007-03
时代	东汉
原收藏号	M5：4
出土地	大保当
原石尺寸	122.5×31×6
画面尺寸	74.5×27
质地	砂岩
原石情况	正面、背面平整。左侧面平整，刻斜条纹。右侧面毛石状。上侧面平整，下侧面凿粗斜条纹。
所属墓群	1996M5
组合关系	右门柱，与门楣石，左门柱，左、右门扉为墓门面五石组合。
画面简述	左上部东王公坐于神树之上，与一羽人博弈。树干间一鹿站立、一龙龙首向上，缠绕于树干之上。神山之下，一人头戴进贤冠，身着襜褕，双手捧牍面门站立。右上部两人戴进贤冠，着襜褕，跽坐于地，伸手于前，作讲述状。之下一人蹲于地上，右手持一圆形物，左手拿一不明物。之下一马行走，最下刻一玄武。画面中马的鬃、尾、车饰纛、蛇身、龟背、边框均涂红彩，人物的衣褶用墨线勾勒。
著录与文献	王炜林：《神木大保当——汉代城址与墓葬考古报告》，北京：文物出版社，2001年，图66。
出土/征集时间	1996年出土
收藏地	榆林市汉画像石馆

编号	SSX-SM-007-04
时代	东汉
原收藏号	M5：6
出土地	大保当
原石尺寸	113.5×48.5×4.5；门枢宽 6 厘米，上高 4.5 厘米，下高 4 厘米
画面尺寸	103.5×40
质地	砂岩
原石情况	正面、背面平整。左下门枢处剥蚀。上、下、左、右侧面平整，有细凿痕。
所属墓群	1996M5
组合关系	左门扉，与门楣石，左、右门柱，右门扉为墓门面五石组合。
画面简述	朱雀、铺首衔环、独角兽。上为朱雀振翅抖尾，头顶花冠，口内含丹。中为铺首衔环，环内一虎作奔走前扑状。下刻独角兽。
著录与文献	王炜林：《神木大保当——汉代城址与墓葬考古报告》，北京：文物出版社，2001 年，图 66。
出土/征集时间	1996 年出土
收藏地	榆林市汉画像石馆

编号	SSX-SM-007-05
时代	东汉
原收藏号	M5：3
出土地	大保当
原石尺寸	113.5×48.5×4.5
画面尺寸	102×39
质地	砂岩
原石情况	正面、背面平整。上、下、左、右侧面平整，有细凿痕。
所属墓群	1996M5
组合关系	右门扉，与门楣石，左、右门柱，左门扉为墓门面五石组合。
画面简述	朱雀、铺首衔环、独角兽。上为朱雀振翅抖尾，头顶花冠，口内含丹。中为铺首衔环，环内一龙作奔走前扑状。下刻独角兽。
著录与文献	王炜林：《神木大保当——汉代城址与墓葬考古报告》，北京：文物出版社，2001年，图66。
出土/征集时间	1996年出土
收藏地	榆林市汉画像石馆
备注	左、右门扉的铺首眼睛均以阴线刻出。

编号	SSX-SM-008-01
时代	东汉
原收藏号	M9 : 1
出土地	大保当
原石尺寸	189×30×9
画面尺寸	150×25
质地	砂岩
原石情况	原石断为两截。正面平整光滑。背面平整。上、下侧面平整，有凿痕。左侧面平整，下段稍凸起。右侧面平整，有不规则的凿痕。
所属墓群	1996M9
组合关系	门楣石，与左、右门柱，左、右门扉为墓门面五石组合。
画面简述	画面分为内、外两栏。外栏刻卷云纹，与左、右门柱外栏卷云纹衔接。云头幻化成灵禽瑞兽之形状，流畅自然，隐约可见平涂褐彩、红彩勾勒的痕迹。从所占幅面及纹饰看，显为边饰。下栏为车骑狩猎图。石面中间一柱状物将画面分隔为左、右两部分，左半部分为车骑出行图。两导骑均身着红衣，其中一位头戴武弁衬红帻巾，另一位只戴帻巾。导骑之后一辆辎车，隐约可见红彩勾勒的车厢轮廓。接着是一辆双马并挽的轺车，车上驭手头戴赤帻，执缰勒马。主人身着红袍，端坐车中。车盖和飞铃敷红彩。车后两骑史相随，均身着红衣，其中一位头戴武弁，另一位只戴帻巾。之后又是一辆轺车，车上驭手头戴赤帻，挥鞭策马。主人戴武弁，着袍端坐于车中。驾车的马身涂红彩，马的鬃、尾，腿的下半截用墨线勾勒。车盖和飞铃敷红彩，车辕、车轮的辐条用墨线勾勒。图中所有的马均作四蹄腾空奔驰状。右半部刻绘狩猎图。狩猎队伍的前面六名骑史策马飞奔，所乘之马两匹涂朱红色，四匹涂黑色。骑史之后，山峦连绵，林木丛生。四猎手奔驰于山峦林木之中，或转身朝后，或奋力朝前，皆张弓欲射。山林间的野兽，牛、鹿、盘角羊等惊恐奔逃。画面的最右端是从山林中飞奔而出的两骑史，居前者着红衣，马蹄涂朱。居后者所乘之马从边栏露出半截身躯，使画面有向右继续延伸之意。画面中的物像也以红彩涂绘和墨线勾勒。
著录与文献	汤池：《中国画像石全集 5 : 陕西、山西汉画像石》，济南：山东美术出版社，2000 年，图 214；王炜林：《神木大保当——汉代城址与墓葬考古报告》，北京：文物出版社，2001 年，图 114。
出土/征集时间	1996 年出土
收藏地	榆林市汉画像石馆

编号	SSX-SM-008-02
时代	东汉
原收藏号	M9：3
出土地	大保当
原石尺寸	126.5×31×8.5
画面尺寸	97.5×22
质地	砂岩
原石情况	正面、背面平整。上、下、左、右侧面基本平整，右侧面中间有突起部分。
所属墓群	1996M9
组合关系	左门柱，与门楣石，右门柱，左、右门扉为墓门面五石组合。
画面简述	画面分为内、外两栏。外栏为卷云纹，与门楣石外栏卷云纹相衔接。内栏上刻西王母头戴山形冠，身着宽袍坐于神山仙树之顶，面前背生一翼的玉兔手捧一粒红色的仙丹面西王母站立。盘曲的树干间有一羽人呈弓箭步，双臂上举，背羽飘拂。一虎冲边框而出，一鸟伫立。突兀的山峰中有一怪兽出没。下刻一门吏头戴红色平巾帻，着长袍，体微前倾，持彗面门站立。门吏的外轮廓、衣褶均以红彩勾勒。
著录与文献	王炜林：《神木大保当——汉代城址与墓葬考古报告》，北京：文物出版社，2001年，图114。
出土/征集时间	1996年出土
收藏地	榆林市汉画像石馆

编号	SSX-SM-008-03
时代	东汉
原收藏号	M9：2
出土地	大保当
原石尺寸	126.5×30.5×8.5
画面尺寸	96×21
质地	砂岩
原石情况	正面、背面平整。上、下侧面基本平整，有凿痕。左侧面基本平整，下段稍有凸起。右侧面平整，有不规则凿纹。
所属墓群	1996M9
组合关系	右门柱，与门楣石，左门柱，左、右门扉为墓门面五石组合。
画面简述	画面分为内、外两栏。外栏卷云纹与门楣石外卷云纹相衔接。内栏上刻东王公头戴通天冠，着宽袍坐于神山仙树之顶，面前背生双翼的玉兔持锤捣药。树干间有一龙首向上、双鹿飞奔、一怪兽、一飞鸟。下刻一吏头戴进贤冠，身着襜褕，体微前倾，捧牍面门站立。门吏的外轮廓、衣褶均以红彩勾勒。
著录与文献	王炜林：《神木大保当——汉代城址与墓葬考古报告》，北京：文物出版社，2001年，图114。
出土/征集时间	1996年出土
收藏地	榆林市汉画像石馆

编号	SSX-SM-009-01
时代	东汉
原收藏号	M11：9
出土地	大保当
原石尺寸	69×33×5.5
画面尺寸	不详
质地	砂岩
原石情况	上部残失。下侧面呈毛石状。
所属墓群	1996M11
组合关系	左门柱，与门楣石，右门柱，左、右门扉为墓门面五石组合。
画面简述	石面上（上半段残失）一人首、人身、鸟足、兽尾的神站立。其肩部、下腹部生有羽翼，背部高低不平，臀部凸出，体壮小腿细。头顶束发成髻，髻下一绺头发（扎髻带子？）卷起。面部右额太阳穴处亦有一绺头发垂下卷起。神仙面敷粉彩，五官用墨线勾勒，唇涂红彩。着右衽白色内衣，外服不明。胸前墨绘月轮，中有一蟾蜍，涂白彩。左手举一物，因残失而不明。神仙左一虎直立，躯体修长矫健，前爪抓一棨戟（？）。虎通体涂白彩，墨线勾勒斑纹，口唇施红彩。下一虎昂首扬尾，张口作呼啸奔走状。石面减地处均凿刻麻点。
著录与文献	汤池：《中国画像石全集5：陕西、山西汉画像石》，济南：山东美术出版社，2000年，图216；王炜林：《神木大保当——汉代城址与墓葬考古报告》，北京：文物出版社，2001年。图121。
出土/征集时间	1996年出土
收藏地	榆林市汉画像石馆

编号	SSX-SM-009-02
时代	东汉
原收藏号	M11：8
出土地	大保当
原石尺寸	116×33.5×6
画面尺寸	103×27.5
质地	砂岩
原石情况	不详
所属墓群	1996M11
组合关系	右门柱，与门楣石，左门柱，左、右门扉为墓门面五石组合。
画面简述	上部刻绘一座双层阁楼座落在红褐色的台基上，覆斗状屋顶。屋斜面覆盖的瓦垄用墨线勾勒。一、二层屋面均有凤鸟站立，凤鸟的腿与喙均涂红彩。阁楼外墙正面靠左有门，两扇粉红色的门扉均以墨线绘朱雀。门的右面墙上墨线勾绘井字形图案，象征窗户。门楣、门柱、门槛亦以墨线勾勒。二层楼板四周的栏杆由两层横木和四角的立柱构成，均涂褐彩。楹柱之下横挂红色帷幔。屋内两人对坐，其中一人冠服均为红色，面施粉彩，嘴唇点红，五官以墨线勾勒。另一人头梳双髻，身穿红领绿袍。阁楼外屋檐左右各有一仙人，居左者生有粗短尾，高举双臂，居右者右臂前伸，两人全身轮廓用墨线勾绘。均赤身裸体，挥臂作跳跃舞蹈状。下部一人首、人身、鸟足、兽尾的神仙站立，头扎红色帻巾（冠？），头顶高耸的三束头发稍向后弯曲。脑后两条黑色的飘扬的带状物，疑为冠饰（扎帻巾的带子？），脸庞涂粉彩，五官以墨线勾勒，唇涂红彩。颌下向上弯曲翘起了胡须（？）。上身着红色宽衣，右臂执矩。下身披羽，以红、黑彩交错涂绘成椭圆形的羽毛状。胸前一红色日轮，其中墨绘三足鸟。长尾从身后胯下伸向左腿下。仙人右一龙作腾空状，龙持不明物。龙的背部生出一条长长的细条弯曲下延，与龙尾相交。仙人脚下一翼龙体态矫健，尾支四枝，末梢皆向上卷曲。龙身涂黑彩，鳞甲和嘴部涂红彩。
著录与文献	汤池：《中国画像石全集5：陕西、山西汉画像石》，济南：山东美术出版社，2000年，图215；王炜林：《神木大保当——汉代城址与墓葬考古报告》，北京：文物出版社，2001年，图121。
出土/征集时间	1996年出土
收藏地	陕西省考古所

编号	SSX-SM-010-01
时代	东汉
原收藏号	M16∶1
出土地	大保当
原石尺寸	（168~178）×37×4.5
画面尺寸	150×32
质地	砂岩
原石情况	正面平整光滑。背面平整。上侧面平整，靠正面处凿刻斜条纹。侧面平整，有齿状利器刮过的划痕。左侧面上窄下宽，右侧面呈毛石状。
所属墓群	1996M16
组合关系	门楣石，与左、右门柱，左、右门扉为墓门面五石组合。
画面简述	画面分上、下两栏。上栏为卷云、神话故事"穆天子会见西王母"图。左、右两上端各阳刻一圆，象征日、月。日轮涂红色，内阴线刻三足鸟，施黑彩。月轮涂白彩，内阴线刻蟾蜍，施绿彩。中间从左到右为一鸟站立卷云头，一羽人手扶云头。西王母戴胜着袍，端坐于悬圃（？）之上，左有玉兔捣药，右一仙人戴帻着袍，拱手恭立，一朱雀抬右足作缓步行进状。朱雀之右，一龙、四凤牵引的辂车内，乘坐两人，车前为驭手，头顶的发束高高竖起向后飘拂，身体前倾，双手勒缰。主人头戴通天冠，身着红袍，端坐车中。朝着西王母的方向飞驰。一羽人肩荷棨戟，骑在腾飞的龙身上。辂车后一羽人双手执幡，骑鹿跟随飞奔。画面左右边框处补白奔走的倒照鹿，站立的鸟、狐。卷云蔓草均以墨线勾勒，局部用红彩点缀。人物、车马、灵禽瑞兽的细部多以墨线勾勒，依据不同部位分别施红彩、蓝彩。下栏为历史故事"荆轲刺秦王"、"完璧归赵"。画面左端两妇人头挽垂鬓髻，身着拖地长裙，居左者摊左手，居右者拥袖，似在相互施礼。阴线刻出两人的衣褶、领口，又以墨、红彩涂绘衣裙。中间荆轲戴力士冠，身着袍服，跨步朝前，以匕首刺中铜柱。御医夏无且拦腰抱住荆轲。身后秦舞阳头戴进贤冠，身着长袍匐匐于地。装樊於期头颅的函盖已经打开。可看到樊於期头戴赤帻，须发五官以墨线勾勒，清晰可见。铜柱之左秦王头戴通天冠，身着宽长袍，执剑之手高高举起，袍服衣摆飘甩。秦王身后，两人戴帻着袍，手执一曲尺形不明武器，惊恐倒退。画面右方刻绘"完璧归赵"故事。一人冠式、衣着与秦王相同，身前倾，双臂前伸，面柱跽坐于地。身后一人头戴帻巾，身着红袍，略俯首站立。柱的右边一人着武士服，头顶发束后拂，右手执一物，面对左边跽坐之人。
著录与文献	汤池：《中国画像石全集5：陕西、山西汉画像石》，济南：山东美术出版社，2000年，图225；王炜林：《神木大保当——汉代城址与墓葬考古报告》，北京：文物出版社，2001年，图77。
出土/征集时间	1996年出土
收藏地	榆林市汉画像石馆

编号	SSX-SM-010-02
时代	东汉
原收藏号	M16：2
出土地	大保当
原石尺寸	110×34×4.5
画面尺寸	108×29
质地	砂岩
原石情况	正面、背面，上、下侧面平整。左侧面靠正面3厘米宽凿刻斜条纹，靠背面呈毛石状。右侧面平整。
所属墓群	1996M16
组合关系	左门柱，与门楣石，右门柱，左、右门扉为墓门面五石组合。
画面简述	画面分为上、下两格，上格分内、外两栏。外栏为卷云瑞兽图。卷云间有龙、狮子、麒麟、鸟。内栏自上而下为牛首神怪坐于神树之上，树干间有狐、长尾鸟。神树之下画面分为三层：两人着深衣，戴进贤冠站立，居左者执长巾下垂，居右者拥袖；两人席坐于地，均以一手比画，似在对语（游戏？猜拳？）。一专用来置放酒器的"承旋"；一人吹长笛，两人舞蹈（格斗？），下格刻玄武。画面中人物的五官、衣纹，禽兽的眼睛、身上的斑纹均用墨线勾绘，再以红蓝彩色相间涂绘。
著录与文献	汤池：《中国画像石全集5：陕西、山西汉画像石》，济南：山东美术出版社，2000年，图227；王炜林：《神木大保当——汉代城址与墓葬考古报告》，北京：文物出版社，2001年，图77。
出土/征集时间	1996年出土
收藏地	陕西省考古所

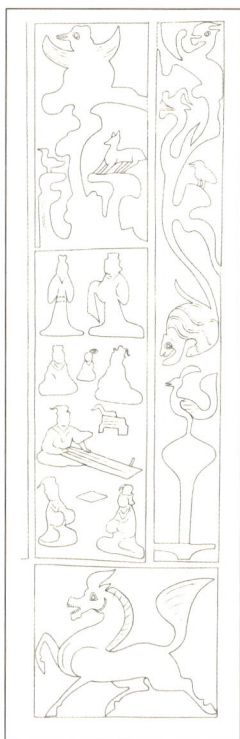

编号	SSX-SM-010-03
时代	东汉
原收藏号	M16：3
出土地	大保当
原石尺寸	110×34.5×5
画面尺寸	108×29
质地	砂岩
原石情况	正面、背面、左侧面、下侧面平整。上侧面平整，有凿纹。右侧面呈毛石状。
所属墓群	1996M16
组合关系	右门柱，与门楣石，左门柱，左、右门扉为墓门面五石组合。
画面简述	画面布局与左门柱相同。上格外栏卷云瑞兽图。卷云间有虎、龙、怪兽、朱雀、博山炉。内栏自上而下为鸡首神怪坐于神树之上，树干间有鹿、鸟；两妇人着拖地长裙站立；三人跽坐于地，一人抚琴，中间亦有一专用来置酒器的"承旋"；最下面两人袖手对坐，之间置一方形器（疑为棋盘）。下格刻一奔马。画面中人物的五官、衣纹，禽兽的眼睛、身上的斑纹亦用墨线勾绘，再以白、红、蓝彩色相间涂绘。
著录与文献	王炜林：《神木大保当——汉代城址与墓葬考古报告》，北京：文物出版社，2001年，图77。
出土/征集时间	1996年出土
收藏地	陕西省考古所

编　号	SSX-SM-010-04
时　代	东汉
原收藏号	M16：4
出土地	大保当
原石尺寸	114.5×49.5×3.5；门枢上长 5 厘米，下长 3 厘米
画面尺寸	97×34
质　地	砂岩
原石情况	正面、背面平整。上侧面平整，凿刻人字纹、斜条纹。下侧面平整。左侧面平整，刻斜条纹。右侧面平整，呈马蹄斜面。
所属墓群	1996M16
组合关系	左门扉，与门楣石、左、右门柱，右门扉为墓门面五石组合。
画面简述	朱雀、铺首、白虎。朱雀在上，口含丹，抖冠、展翅、翘尾羽，抬一腿作即将起飞姿态。其口、眼、颈、翅涂染红彩，双翅、尾羽加阴线，墨线描绘，眼珠涂黑彩。铺首眼眶以阴线刻画，鼻用墨线描绘，口染红彩，所衔之环以红黑彩相间勾绘。虎身用黑、蓝彩相间并勾绘斑纹。胯下墨书"白虎在右"。
著录与文献	汤池：《中国画像石全集 5：陕西、山西汉画像石》，济南：山东美术出版社，2000 年，图 212；王炜林：《神木大保当——汉代城址与墓葬考古报告》，北京：文物出版社，2001 年，图 81。
出土/征集时间	1996 年出土
收藏地	榆林市汉画像石馆

编号	SSX-SM-010-05
时代	东汉
原收藏号	M16：5
出土地	大保当
原石尺寸	114×49.5×3.5
画面尺寸	96×34
质地	砂岩
原石情况	正面、背面平整。上、下侧面平整，凿刻斜条纹。左侧面平整，呈马蹄斜面。铁门栓尚存。
所属墓群	1996M16
组合关系	右门扉，与门楣石，左、右门柱，左门扉为墓门面五石组合。
画面简述	朱雀、铺首、青龙。朱雀在上，口含丹，抖冠，展翅，翘尾羽，抬一腿作即将起飞姿态。其口、眼、颈、翅涂染红彩，双翅、尾羽加阴线，墨线描绘，眼珠涂黑彩。铺首眼眶以阴线刻画，鼻用墨线描绘，口染红彩，所衔之环以红黑彩相间勾绘。龙身以墨线勾画，并用朱、墨彩相间勾绘鳞甲。胯下墨书"青龙在左"。
著录与文献	汤池：《中国画像石全集5：陕西、山西汉画像石》，济南：山东美术出版社，2000年，图211；王炜林：《神木大保当——汉代城址与墓葬考古报告》，北京：文物出版社，2001年，图82。
出土/征集时间	1996年出土
收藏地	榆林市汉画像石馆

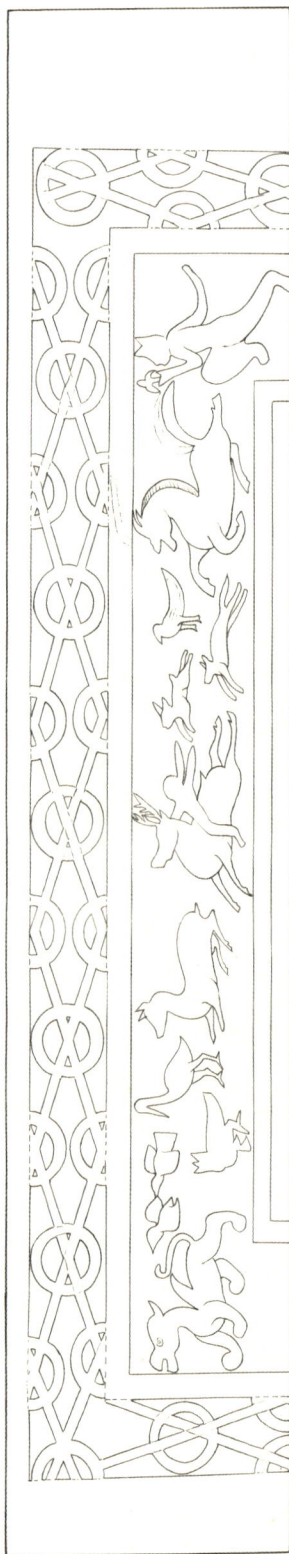

编号　SSX-SM-011-01
时代　东汉
原收藏号　M17：1
出土地　大保当
原石尺寸　170×33×（4.5~5.5）
画面尺寸　148.8×25.5
质地　砂岩
原石情况　左、右侧面呈毛石状。
所属墓群　1996M17
组合关系　门楣石、与左、右门柱、左、右门扉为墓门面五石组合。
画面简述　画面分为内、外两栏，外栏为绶带穿璧纹。内栏从左到右为翼虎、飞鸟、人面鸟、朱鹭、奔马、羽人骑雄鹿、奔狐，羽人持鞭端草。
著录与文献　王炜林：《神木大保当——汉代城址与墓葬考古报告》，北京：文物出版社，2001年，图103。
出土/征集时间　1996年出土
收藏地　榆林市汉画像石馆

编号	SSX-SM-011-02
时代	东汉
原收藏号	M17：3
出土地	大保当
原石尺寸	118×33×4
画面尺寸	86×23
质地	砂岩
原石情况	不详
所属墓群	1996M17
组合关系	左门柱，与门楣石，右门柱，左、右门扉为墓门面五石组合。
画面简述	画面分为上、下两格，上格分为内、外两栏。外栏与门楣石外栏的绶带穿璧纹相衔接。内栏上部鸡首鸟身神坐于神树之上，树干间有奔兔和立鸟。下部一门吏头戴平巾帻，身着长袍，持棨戟面门而立。下格刻博山炉和瑞草。
著录与文献	王炜林：《神木大保当——汉代城址与墓葬考古报告》，北京：文物出版社，2001年，图103。
出土/征集时间	1996年出土
收藏地	榆林市汉画像石馆

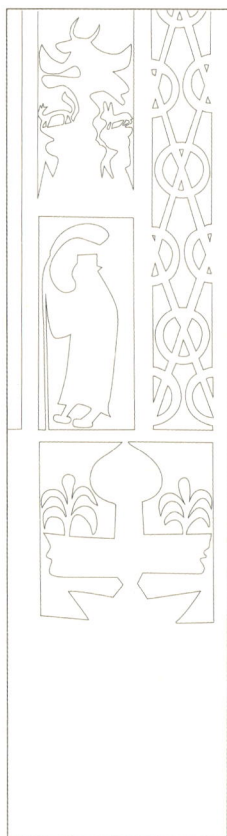

编号	SSX-SM-011-03
时代	东汉
原收藏号	M17：2
出土地	大保当
原石尺寸	118×33×4
画面尺寸	86.5×25
质地	砂岩
原石情况	不详
所属墓群	1996M17
组合关系	右门柱，与门楣石，左门柱，左、右门扉为墓门面五石组合。
画面简述	画面分为上、下两格，上格分为内、外两栏。外栏为与门楣石外栏的绶带穿璧纹相衔接。内栏上部牛首鸟身神坐于神树之上，树干间有兔和狐。下部一门吏头戴平巾帻，身着长袍，拥彗面门而立。下格刻博山炉和瑞草。
著录与文献	王炜林：《神木大保当——汉代城址与墓葬考古报告》，北京：文物出版社，2001年，图103。
出土/征集时间	1996年出土
收藏地	榆林市汉画像石馆

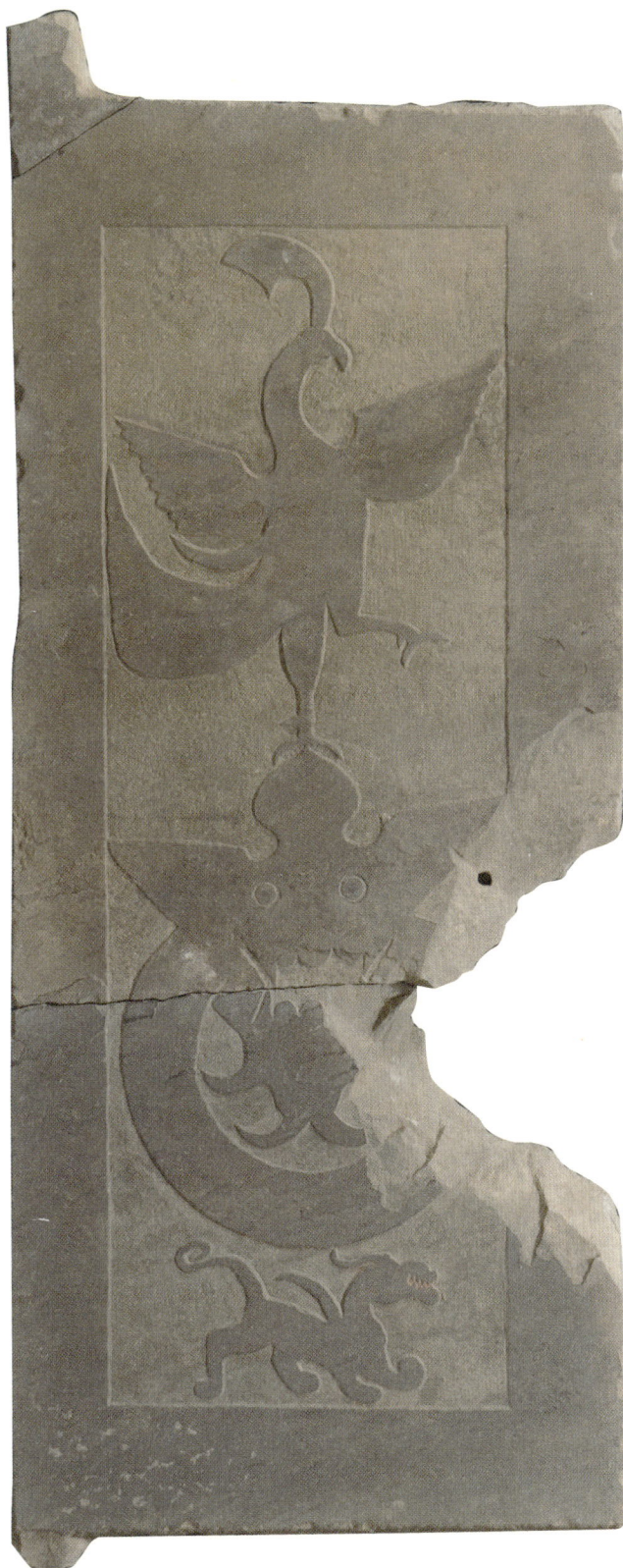

编号	SSX-SM-011-04
时代	东汉
原收藏号	M17：5
出土地	大保当
原石尺寸	113×50.5×5
画面尺寸	93.5×32.5
质地	砂岩
原石情况	原石断为两截，右中段残缺。
所属墓群	1996M17
组合关系	左门扉，与门楣石，左、右门柱，右门扉为墓门面五石组合。
画面简述	朱雀、铺首、翼龙。铺首的双眼用阴线刻成圆形。
著录与文献	王炜林：《神木大保当——汉代城址与墓葬考古报告》，北京：文物出版社，2001年，图103。
出土/征集时间	1996年出土
收藏地	榆林市汉画像石馆

编号	SSX-SM-012-01
时代	东汉
原收藏号	M18：2
出土地	大保当
原石尺寸	193×34.5×8
画面尺寸	142×23.2
质地	砂岩
原石情况	正面、背面平整。上侧面平整，有凿纹，有凹坑。下侧面平整，间有凹坑。左侧面欠平整，有凿纹。右侧面平整。
所属墓群	1996M18
组合关系	门楣石，与左、右门柱，左、右门扉为墓门面五石组合。
画面简述	画面左、右两端刻画日、月轮，日轮内涂红彩，中间阴线刻金乌。身涂黑彩，阴线勾勒羽翅和眼眶。月轮内涂白彩，中间刻蟾蜍，蟾蜍外轮廓以阴刻线勾勒，口涂红彩，眼涂白彩，背刻不规则的三角形斑点。日月轮外卷云围绕。画面正中刻绘一熊，身体上面用阴线和墨线勾勒显示斑纹，眼、耳、口均涂红彩，呈张牙舞爪状。其左刻绘一鸡首人身神，袖手坐于豆形盘状物之上。右端刻绘一牛首神，袖手坐于豆形盘状物之上。两神皆背生双翼。衣褶、领口阴线刻绘，双羽上亦施阴线。兽周围均有卷云缭绕，飞鸟翱翔。
著录与文献	汤池：《中国画像石全集5：陕西、山西汉画像石》，济南：山东美术出版社，2000年，图218；王炜林：《神木大保当——汉代城址与墓葬考古报告》，北京：文物出版社，2001年，图89。
出土/征集时间	1996年出土。
收藏地	榆林市汉画像石馆

编号	SSX-SM-012-02
时代	东汉
原收藏号	M18：3
出土地	大保当
原石尺寸	113×28×7
画面尺寸	89×20.5
质地	砂岩
原石情况	正面平整。背面上、下不在一个平面上，呈台阶状。左侧面上段平整，有人字纹，下段呈毛石状。右侧面平整，有齿状刻划痕。
所属墓群	1996M18
组合关系	左门柱，与门楣石，右门柱，左、右门扉为墓门面五石组合。
画面简述	瑞兽图。在飘逸的卷云间，最上边刻绘了昂首伫立的羊，中间是回首飞奔的雌鹿，下边是一虎抓住了奔鹿的后腿。补白了三只小鸟。鹿身阴线和麻点显示斑纹，鹿眼眶内有红彩残痕。
著录与文献	王炜林：《神木大保当——汉代城址与墓葬考古报告》，北京：文物出版社，2001年，图89。
出土/征集时间	1996年出土
收藏地	榆林市汉画像石馆

编号	SSX-SM-012-03
时代	东汉
原收藏号	M18：4
出土地	大保当
原石尺寸	113×28×7
画面尺寸	90×20.3
质地	砂岩
原石情况	正面、背面平整。上、下、左侧面平整，有齿状刻划痕。右侧面平整，有凹坑。
所属墓群	1996M18
组合关系	右门柱，与门楣石，左门柱，左、右门扉为墓门面五石组合。
画面简述	瑞兽图。飘逸的卷云间一只盘角羊伫立，回首飞奔的雄鹿和雌鹿。羊角、口、眼及批毛均刻阴线。鹿身刻麻点纹，眼眶内有红彩残痕。补白的三只小鸟的眼、羽毛亦用阴线勾勒。
著录与文献	王炜林：《神木大保当——汉代城址与墓葬考古报告》，北京：文物出版社，2001年，图89。
出土/征集时间	1996年出土
收藏地	榆林市汉画像石馆
备注	左、右门柱石减地处均刻麻点，浮突的物像上残留墨线痕。

编号	SSX-SM-012-04
时代	东汉
原收藏号	M18：6
出土地	大保当
原石尺寸	116×51×4
画面尺寸	105.5×40.5
质地	砂岩
原石情况	正面、背面平整。上、下侧面平整，有凿痕。左、右侧面平整，有凿痕。铁门栓完好。
所属墓群	1996M18
组合关系	左门扉，与门楣石，左、右门柱，右门扉为墓门面五石组合。
画面简述	朱雀、铺首、翼虎。上刻朱雀，其冠、尾羽、眼、喙均以阴线刻出并且涂红彩，其余部分以红、蓝彩相间勾绘。中刻铺首衔环，铺首的五官以阴线刻就，眼眶内涂红彩，所衔之环则以红、蓝彩相间涂绘。下面翼虎的眼睛用阴线刻出，眼眶内、口内及吐出的长舌均以红彩涂绘。
著录与文献	王炜林：《神木大保当——汉代城址与墓葬考古报告》，北京：文物出版社，2001年，图89。
出土/征集时间	1996年出土
收藏地	榆林市汉画像石馆

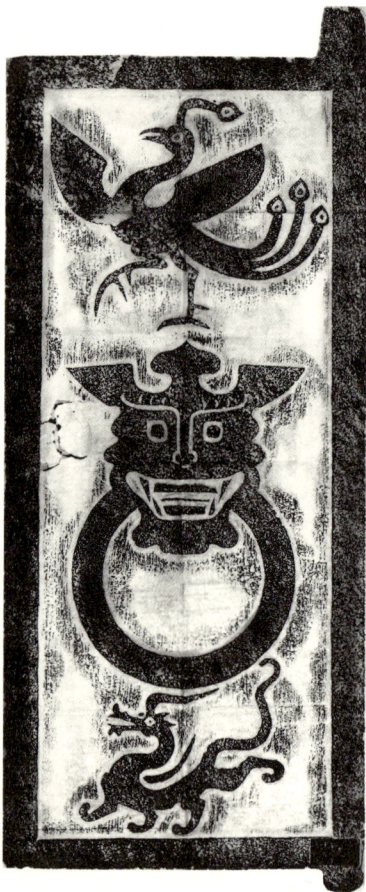

编号	SSX-SM-012-05
时代	东汉
原收藏号	M18:5
出土地	大保当
原石尺寸	115×51×4.5；门枢上高 7.5 厘米，下高 3.5 厘米
画面尺寸	105×41
质地	砂岩
原石情况	正面、背面平整。上、下、左、右侧面平整，有凿痕。铁门栓完好。
所属墓群	1996M18
组合关系	右门扉，与门楣石，左、右门柱，左门扉为墓门面五石组合。
画面简述	朱雀、铺首、翼龙。上刻朱雀，其冠、尾羽、眼、喙均以阴线刻出并且涂红彩，其余部分以红、蓝彩相间勾绘。中刻铺首衔环，铺首的五官以阴线刻就，眼眶内涂红彩，所衔之环则以红、蓝彩相间涂绘。下面翼龙的眼睛用阴线刻出，口内及吐出的长舌以红彩涂绘。
著录与文献	王炜林：《神木大保当——汉代城址与墓葬考古报告》，北京：文物出版社，2001 年，图 89。
出土/征集时间	1996 年出土
收藏地	榆林市汉画像石馆

编号	SSX-SM-013-01
时代	东汉
原收藏号	M20∶1
出土地	大保当
原石尺寸	180×38×6.5
画面尺寸	150×29
质地	砂岩
原石情况	原石断为两截。正面、背面平整。上侧面基本平整，靠近正面处凿斜条纹。下侧面平整。上侧面呈毛石状，左侧面呈毛石状，下段处则有不规则斜条纹。靠近正面处凿斜条纹。右侧面有凿刻痕。上下段分别有13×3×6.5厘米、12.5×7×2.5厘米宽的凿头。右侧面有凿刻痕。
所属墓群	1996M20
组合关系	门楣石、与左、右门柱、左、右门扉为墓门五面石组合。
画面简述	画面分为内、外两栏。外栏为绞带穿璧纹。与左、右门柱上格外栏外格同样图样相同并相石衔接。内栏正中刻一间厅堂，庑殿式顶。阴刻标出瓦垄线。朱线勾勒顶部轮廓。屋顶下阴刻楹柱、雌瘦、斗栱、栏杆、卧棍、栏杆，均涂绘红彩。屋内两人对坐。右一男子头戴冠，着红袍。左一妇人头梳垂髻，着绿袍涂蓝彩、领，袖口均涂绘红彩。两人中间靠后有一孩童、着红领黑衣，建筑两侧对称刻有一株几乎与房屋齐高的仙草，羽人骑鹿和牵马。两人中间靠后有一孩童。羽人均涂绘红彩。仙草以阴刻线条勾勒轮廓。仙草以蓝彩勾勒轮廓。羽人的下面刻绘了牛首神怪之牛首。鹿角均以蓝彩勾绘。眼、耳、口涂红彩。牵马以阴刻线勾勒细部。眼、牵马之牛首。右牵马下面刻绘了鸡首神怪之鸡首。左牵马的下面刻绘了牛首神怪之牛首。右牵马下面刻绘了鸡首神怪之鸡首。与左、右门柱所刻图像衔接。
著录与文献	汤池：《中国画像石全集 5：陕西、山西汉画像石》，北京：文物出版社，2001 年，图 135。 汉代坡址与墓葬考古报告》，北京：文物出版社，2001 年，图 135。 陕西：《中国画像石全集 5：陕西、山西汉画像石》，济南：山东美术出版社，2000 年，图 219；王炜林：《神木大保当——》
出土/征集时间	1996 年出土。
收藏地	榆林市汉画像石馆

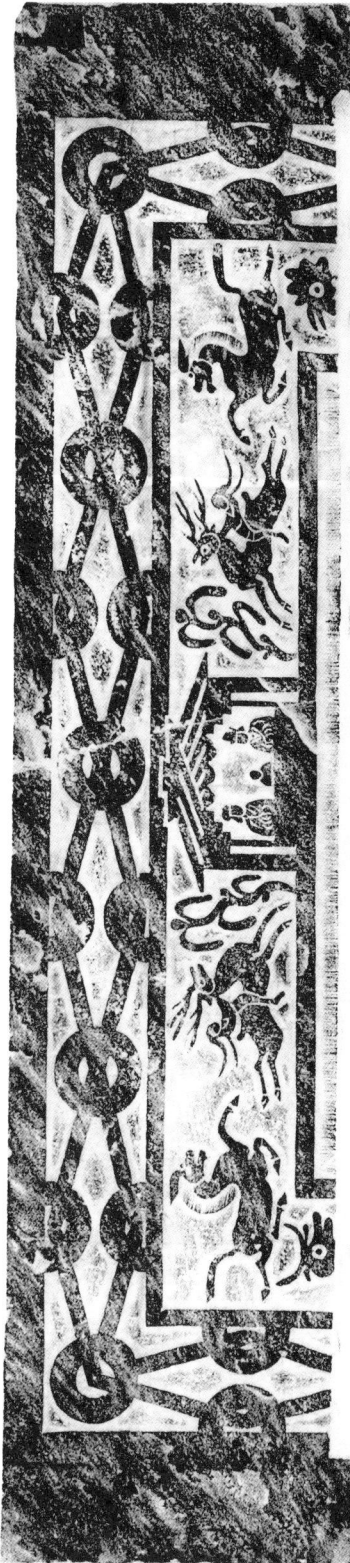

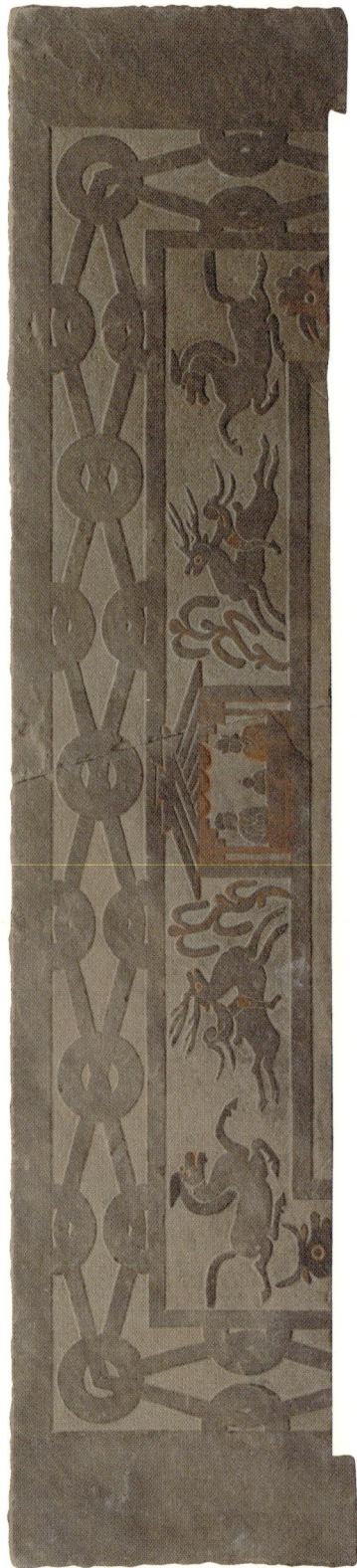

| 编号 | SSX-SM-013-02 |

编号　　　　SSX-SM-013-02
时代　　　　东汉
原收藏号　　M20：2
出土地　　　大保当
原石尺寸　　112×34×6
画面尺寸　　100×27
质地　　　　砂岩
原石情况　　正面、背面平整。左、右侧面平整，右侧面靠近正面处凿斜条纹。上侧面平整，凿斜条纹。下侧面呈毛石状。
所属墓群　　1996M20
组合关系　　左门柱，与门楣石，右门柱，左、右门扉为墓门面五石组合。
画面简述　　画面分上、下两格，上格又分左、右两栏。左栏是与门楣石外栏相连接的绶带穿璧纹，右栏上面鸡首神怪（头部刻于门楣石上）坐于悬圃之上，阴线刻衣褶，外用红彩线勾勒，内涂白彩。下部刻绘重檐望楼，楼内端坐一人，面部五官以墨线勾勒。楼下一门吏戴朱色武弁，着黑色襜褕，束腰躬身，拥彗而立。下格刻绘博山炉。炉盘内刻两株仙草，绿彩勾绘轮廓，内涂白彩，枝叶末梢均点墨。
著录与文献　汤池：《中国画像石全集5：陕西、山西汉画像石》，济南：山东美术出版社，2000年，图220；王炜林：《神木大保当——汉代城址与墓葬考古报告》，北京：文物出版社，2001年，图135。
出土/征集时间　1996年出土
收藏地　　　榆林市汉画像石馆

编号	SSX-SM-013-03
时代	东汉
原收藏号	M20：3
出土地	大保当
原石尺寸	112.5×35.7×7
画面尺寸	100×26
质地	砂岩
原石情况	正面平整。背面欠平整，有凹坑。上侧面平整，凿人字纹。下侧面平整，凿条纹。左侧面靠背面处毛石状，靠正面处凿条纹。右侧面平整。
所属墓群	1996M20
组合关系	右门柱，与门楣石，左门柱，左、右门扉为墓门面五石组合。
画面简述	画面分上、下两格，上格又分左、右两栏。右栏是与门楣石外栏相连接的绶带穿璧纹，左栏上面牛首神怪（头部刻于门楣石上）坐于悬圃之上，阴线刻衣褶，外用红彩线勾勒，内涂白彩。下部刻绘重檐望楼，楼内端坐一人，面部五官以墨线勾勒。楼下一门吏戴朱色武弁冠，着黑色襜褕，束腰躬身，拥彗而立。下格刻绘博山炉。炉盘内刻两株仙草，绿彩勾绘轮廓，内涂白彩，枝叶末梢均点墨。左、右门柱内重檐望楼均只刻一柱，门吏所执之彗的长柄和彗占据了另一柱的位置，消除了望楼失重的视觉感。
著录与文献	王炜林：《神木大保当——汉代城址与墓葬考古报告》，北京：文物出版社，2001年，图135。
出土/征集时间	1996年出土
收藏地	榆林市汉画像石馆

编号	SSX-SM-013-04
时代	东汉
原收藏号	M20：4
出土地	大保当
原石尺寸	112×49×5.5
画面尺寸	101.5×38.5
质地	砂岩
原石情况	中段右残缺。
所属墓群	1996M20
组合关系	左门扉，与门楣石，左、右门柱，右门扉为墓门面五石组合。
画面简述	朱雀、铺首、白虎。上刻朱雀，以墨线和较细的阴刻线表现羽毛，颈、背相邻处涂红彩。用阴刻线勾勒的喙、眼、内涂红彩。中间铺首衔环。铺首的牙、眼、鼻、口均以阴刻线勾勒，内涂红彩。所衔之环依稀可见红彩描绘痕。下刻翼虎。两边补白仙草。墨彩绘出虎身斑纹，口、眼、耳皆涂红彩。仙草茎杆白彩涂绘，绿彩勾边，红彩绘果实。
著录文献	王炜林：《神木大保当——汉代城址与墓葬考古报告》，北京：文物出版社，2001年，图135。
出土/征集时间	1996年出土
收藏地	榆林市汉画像石馆

编号	SSX-SM-014-01
时代	东汉
原收藏号	M23：4
出土地	大保当
原石尺寸	196.5×40×7
画面尺寸	160×32.5
质地	砂岩
原石情况	原石断为两截，中段上部残缺。正面、背面平整，上、下、左、右四个侧面，下侧面凿有规整的条文，其余三个侧面均有凿痕。
所属墓群	1996M23
组合关系	门楣石，与左、右门柱、左、右门扉为墓门顶五石组合。
画面简述	画面分为内、外两栏。外栏为狩猎图。左、右上端各阴刻一圆，象征日、月。左端月轮内以墨彩绘玉兔捣药，玉兔身上涂施白彩点。日轮涂红彩，内栏外栏的蔓草纹衔接。中间刻绘狩猎图。画面上共有三位猎手，前两猎手跃马朝前，拉满弓追射鹿，苍鹰路兔图。后面的一名猎手反身朝后，射中一虎。虎长尾后扬，前两猎手均身着戎装。涂红彩。前两名猎手所戴帻巾涂墨彩。后一名猎手所戴帻巾涂红彩。所骑之马身涂红褐彩，马首、络头、马鞍等均以墨线勾勒。惊骇回首，马衔等均以墨线勾勒。画面中前两猎手、前辈的鹿所刻画图像完全一样。显为使用同一模板制作。被追射的鹿身涂黑色斑纹。鹿和虎受伤仿流血用红色显示。画面中导骑与车骑组合图。自左至右为：导骑、轺车、骈车、辇车。一号两从。其中导骑和从卫，均头戴平巾帻，上着黑襦衣，下穿浅色裤。轺车上的驭手身着黑色襦衣，骈车、辇车上的驭手则身着浅色色衣。驾车的马身均涂红褐色，车饰件均以墨彩勾绘。车厢和车辐均以墨彩，车窗所挂窗帘用粉红色。
著录与文献	王炜林：《神木大保当——汉代城址与墓葬考古报告》，北京：文物出版社，2001年，图147。
出土/征集时间	1996年出土。
收藏地	榆林市汉画像石馆

编号	SSX-SM-014-02
时代	东汉
原收藏号	M23：5
出土地	大保当
原石尺寸	112.5×40×8
画面尺寸	87×26
质地	砂岩
原石情况	正面、背面平整。左侧面呈毛石状，其余三个侧面平整。上、下侧面有凿痕，右侧面凿规整的条纹。
所属墓群	1996M23
组合关系	左门柱，与门楣石，右门柱，左、右门扉为墓门面五石组合。
画面简述	画面分为内、外两栏。外栏刻画卷云纹。卷云的边沿、叶茎用墨线勾勒，云朵涂红彩。内栏分三格，自上而下，第一格刻绘两人一前一后站立，居前者戴冠着黑色长袍，居后者亦戴冠着袍，拥袖而立。第二格为乐舞图。两妇人皆头梳垂髻髻，居右者身着袿衣作舞蹈状。所着上衣涂浅色，下身涂红彩。居左者身着长袍，拥袖（怀抱乐器？）站立，似在观看（伴奏？）。第三格为长袖舞。亦有两女子，居右者着宽袖长裙，涂红彩，露出浅色紧袖内衣袖口，挥舞长袖，翩翩起舞。居左者着袍，站立观看。
著录与文献	王炜林：《神木大保当——汉代城址与墓葬考古报告》，北京：文物出版社，2001 年，图 147。
出土/征集时间	1996 年出土
收藏地	榆林市汉画像石馆

编号	SSX-SM-014-03
时代	东汉
原收藏号	M23：6
出土地	大保当
原石尺寸	112.5×36.5×7.5
画面尺寸	82.5×26
质地	砂岩
原石情况	正面、背面平整。右侧面呈毛石状，其余三个侧面平整。上、下侧面有凿痕，左侧面凿规整的条纹。
所属墓群	1996M23
组合关系	右门柱，与门楣石，左门柱，左、右门扉为墓门面五石组合。
画面简述	画面分为内、外两栏。外栏刻画卷云纹。卷云的边沿、叶茎用墨线勾勒，云朵涂红彩。内栏分四格，自上而下，第一格刻绘两人一前一后站立，居前者戴冠着黑色长袍，居后者亦戴冠着袍，拥袖而立。第二格为乐舞图。两妇人皆头梳垂髻髻，居右者身着袿衣作舞蹈状。所着上衣涂浅色，下身涂红彩。居左者身着长袍，拥袖（怀抱乐器？）站立，似在观看（伴奏？）。第三格为长袖舞。亦有两女子，居右者着宽袖长裙，涂红彩，露出浅色紧袖内衣袖口，挥舞长袖，翩翩起舞。居左者着袍，头梳垂髻髻，站立观看。第四格刻画雄鹿卧伏，一辆辇车停立，其车厢跨入外栏。
著录与文献	王炜林：《神木大保当——汉代城址与墓葬考古报告》，北京：文物出版社，2001年，图147。
出土/征集时间	1996年出土
收藏地	榆林市汉画像石馆
备注	左、右门柱所刻图像完全一样，显为使用同一模板制作。

编号	SSX-SM-014-04
时代	东汉
原收藏号	M23：7
出土地	大保当
原石尺寸	124×54.5×（6.5~7）；上门枢：10×8.5；下门枢：6.5×4
画面尺寸	104×39.5
质地	砂岩
原石情况	正面、背面均平整。左侧面呈滚圆状。右侧面凿斜条纹。
所属墓群	1996M23
组合关系	左门扉，与门楣石，左、右门柱，右门扉为墓门面五石组合。
画面简述	朱雀、铺首、独角兽。上部朱雀口内含丹，身涂红彩，又以红、黑彩描绘双翅和羽毛。中间铺首衔环。铺首的五官用墨线勾绘，角上、耳部则以红彩绘近似三角形圈，内点黑彩。墨色点眼珠，须涂黑彩。所衔之环用黑彩绘曲线纹。铺首的双耳、额头、眼、口、眉、鼻均以墨线勾画，下刻独角兽。双耳和额头又用红彩绘三角形圈，圈内点墨彩，全身涂墨彩。画面的空白处补白了仙草，凤鸟，飞鸟，攀猿，雌、雄卧鹿，也以红黑彩、墨线涂或勾绘。
著录与文献	汤池：《中国画像石全集5：陕西、山西汉画像石》，济南：山东美术出版社，2000年，图226；王炜林：《神木大保当——汉代城址与墓葬考古报告》，北京：文物出版社，2001年，图147。
出土/征集时间	1996年出土
收藏地	榆林市汉画像石馆

编号	SSX-SM-014-05
时代	东汉
原收藏号	M23：8
出土地	大保当
原石尺寸	124×55×8；上门枢：10.5×8；下门枢：3×6
画面尺寸	104.5×40
质地	砂岩
原石情况	正面、背面均平整。右侧面呈滚圆状。左侧面凿斜条纹。
所属墓群	1996M23
组合关系	右门扉，与门楣石，左、右门柱，左门扉为墓门面五石组合。
画面简述	画面上部刻两朱雀。周围补白了凤鸟、大雁、飞鸟、鸡、攀猿。朱雀和补白的飞禽身涂红彩，墨描羽翅等细部。中间刻铺首衔环，左边补白仙草，右边补卷草纹，一羽人持献仙草，下补两卧鹿。铺首的双耳、额头、眼、口、眉、鼻均以墨线勾画。双耳和额头又用红彩绘三角形圈，圈内点墨彩。所衔之环用黑彩绘曲线纹。下部刻独角兽，全身涂墨彩。
著录与文献	王炜林：《神木大保当——汉代城址与墓葬考古报告》，北京：文物出版社，2001年，图147。
出土/征集时间	1996年出土
收藏地	榆林市汉画像石馆
备注	该墓门面五石组合中，左、右门柱，左、右门扉的主要图像明显使用同一模板。

编号	SSX-SM-015-01
时代	东汉
原收藏号	M24：1
出土地	大保当
原石尺寸	196×36×9.5
画面尺寸	145×25
质地	砂岩
原石情况	正面、背面平整。上侧面靠正面平整，凿斜条纹，左端呈毛石状。下侧面平整，有细条凿纹。左侧面呈毛石状。右侧面平整。
所属墓群	1996M24
组合关系	门楣石，与左、右门框，左、右门扉为墓门佰丘石组合。
画面简述	钢构驯象图。画面中心刻一大象俯首垂尾，长鼻下垂，面左伫立。阴刻线显示出大象的长鼻，耳轮及躯体的皱褶。象身涂白彩，眼、鼻、口涂红彩，耳涂枯黄彩。面象而立者为一象奴，身着左衽袍，右手执钩，左手持一圆形物，后腰部沥带有此物（是否服装的某一部分？）。象奴身上均留有蓝彩彩痕。驯象图左一马飞奔。马全身涂白彩，鬃毛及马蹄涂褐彩。右刻一猎手策马飞奔，张弓射中奔逃的野猪。墨线勾勒的野猪，了猎手的头发，衣襟及弓弦，阴线刻出马的鞍鞯等。马髻、马尾、马鞍、眼、耳、鼻、嘴涂红彩，野猪背部中箭处涂红彩，表示流血。画面左、右两端各阴刻一圆形。代表日、月轮。月轮涂白彩，中间一蟾蜍全身涂石青，眼睛以阴线勾勒，眼眶涂白彩，眼珠点墨。日轮涂红彩，日月轮外卷云纹环绕。画面空白处补绘云纹。面部五官均以墨线勾勒。头戴胡帽（？），衣着左衽衣领、腰带，口鼻涂红彩，衣帽和腰带上中间阴刻金乌。
著录与文献	汤池：《中国画像石全集5：陕西、山西汉画像石》，济南：山东美术出版社，2000年，图224；王炜林：《神木大保当——汉代城址与墓葬考古报告》，北京：文物出版社，2001年，图97。
出土/征集时间	1996年出土
收藏地	榆林市汉画像石馆

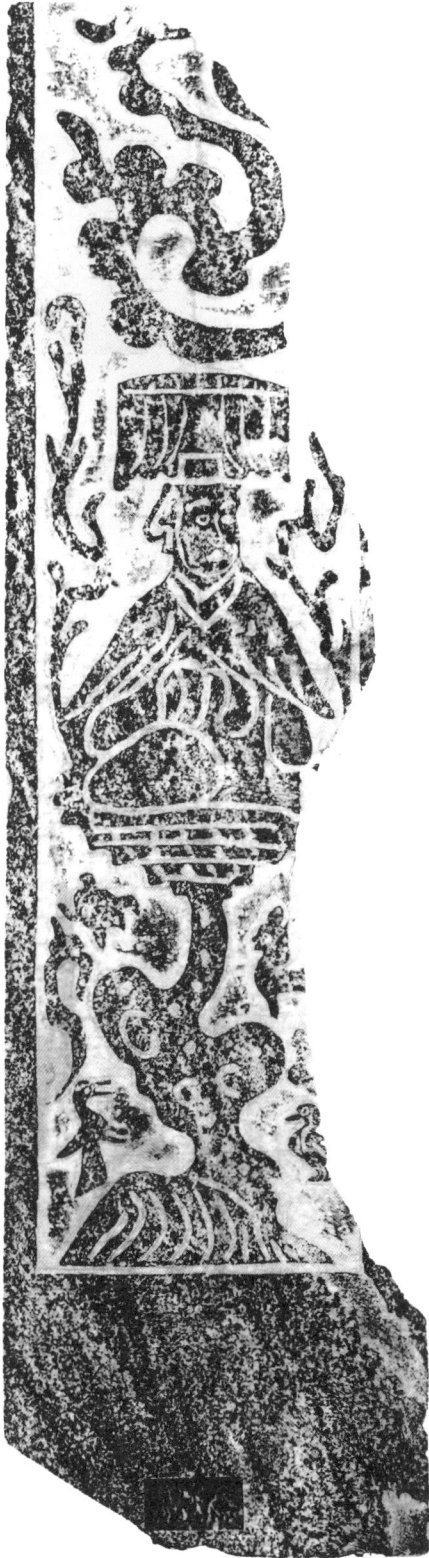

编号	SSX-SM-015-02
时代	东汉
原收藏号	M24：2
出土地	大保当
原石尺寸	112×31×8.5
画面尺寸	91×22.5
质地	砂岩
原石情况	正面、背面平整。上侧面靠正面平整，凿斜条纹，靠背面呈毛石状。下侧面平整，凿人字纹。左侧面靠正面部分平整，凿斜条纹，靠背面部分呈毛石状。右侧面残断不规整。
所属墓群	1996M24
组合关系	左门柱，与门楣石，右门柱，左、右门扉为墓门面五石组合。
画面简述	西王母（东王公？）图。画面上西王母（东王公？）头戴冕冠，冕冠左右各垂四旒。身着无领袍服，外罩羽毛衣，袖手坐于神树之顶。左、右两侧各有一株高过头顶的仙草，座下神树树杆间填刻仙兔、飞禽、蟾蜍、卷云。西王母所披羽毛衣、座下斗栱形、仙山、衣褶等，细部均施阴线刻，涂绘橘红和白彩。
著录与文献	汤池：《中国画像石全集5：陕西、山西汉画像石》，济南：山东美术出版社，2000年，图217；王炜林：《神木大保当——汉代城址与墓葬考古报告》，北京：文物出版社，2001年，图97。
出土/征集时间	1996年出土
收藏地	榆林市汉画像石馆

编号	SSX-SM-015-03
时代	东汉
原收藏号	M24：3
出土地	大保当
原石尺寸	46×31×8.5
画面尺寸	24×23
质地	砂岩
原石情况	上段残佚，仅存下段一小块。
所属墓群	1996M24
组合关系	右门柱，与门楣石，左门柱，左、右门扉为墓门面五石组合。
画面简述	从残块可辨识的图像和墓门左、右门柱画面布局，从刻绘内容相对称、相呼应的一般规律看，应与左门柱相似。
著录与文献	王炜林：《神木大保当——汉代城址与墓葬考古报告》，北京：文物出版社，2001 年，图 97。
出土/征集时间	1996 年出土
收藏地	榆林市汉画像石馆
备注	从下方的玉兔捣药和九尾狐看，此上应是西王母，而前图上方头戴冕冠者应为东王公。

编号	SSX-SM-016-01
时代	东汉
原收藏号	98M2：37
出土地	大保当
原石尺寸	200×35×12
画面尺寸	194×31
质地	砂岩
原石情况	待补
所属墓群	1998M2
组合关系	门楣石，与左、右门柱，左、右门扉为墓门面五石组合。
画面简述	绶带穿璧纹。绶带与菱形相交，菱形内填刻奔马、飘动的云朵，并有龙躯缠绕绶带。龙首伸出，给画面平添了生气和动势。绶带、玉璧的局部錾刻三角形点和水波纹。龙身上亦錾刻小三角形和半月形。马的眼、蹄、鬃毛、鞍具等施阴刻线。画面下部中间门口部分阴刻十二个菱形横向连接。
著录与文献	王炜林：《神木大保当——汉代城址与墓葬考古报告》，北京：文物出版社，2001年，图128。
出土/征集时间	1998年出土
收藏地	榆林市汉画像石馆

编号　　　　　SSX-SM-016-02

时代　　　　　东汉

原收藏号　　　98M2：38

出土地　　　　大保当

原石尺寸　　　107×34×7

画面尺寸　　　102×31

质地　　　　　砂岩

原石情况　　　待补

所属墓群　　　1998M2

组合关系　　　左门柱，与门楣石、右门柱、左、右门楣为墓门面五石组合。

画面简述　　　画面刻一虎张口呼啸。虎的四周以卷云衬托，增强了猛虎腾跃之气势。左边阴刻十二个菱形相连。

著录与文献　　王炜林：《神木大保当——汉代城址与墓葬考古报告》，北京：文物出版社，2001年，图129

出土/征集时间　1998年出土

收藏地　　　　榆林市汉画像石馆

编　　　号　SSX-SM-016-03

时　　　代　东汉

原收藏号　98M2：39

出 土 地　大保当

原石尺寸　106×36×8

画面尺寸　102×32

质　　　地　砂岩

原石情况　待补

所属墓群　1998M2

组合关系　右门柱，与门楣石、左、右门扉为墓门面五石组合。

画面简述　画面刻一龙作奔腾状。龙的四周以卷云衬托，增强了其腾飞之气氛。右边阴刻十二个菱形竖向排列。

著录与文献　王炜林：《神木大保当——汉代城址与墓葬考古报告》，北京：文物出版社，2001年，图130。

出土/征集时间　1998年出土

收藏地　榆林市汉画像石馆

编号	SSX-SM-016-04
时代	东汉
原收藏号	98M2：41
出土地	大保当
原石尺寸	108×54.5×8；上门枢：5×7；下门枢：3.5×5.5
画面尺寸	104×49
质地	砂岩
原石情况	待补
所属墓群	1998M2
组合关系	左门扉，与门楣石，左、右门柱，右门扉为墓门面五石组合。
画面简述	朱雀、铺首图。朱雀通体施阴线刻，显示了冠和羽翅的华丽。铺首的五官亦以阴刻线勾勒。
著录与文献	王炜林：《神木大保当——汉代城址与墓葬考古报告》，北京：文物出版社，2001年，图132。
出土/征集时间	1998年出土
收藏地	榆林市汉画像石馆

编号	SSX-SM-016-05
时代	东汉
原收藏号	98M2：40
出土地	大保当
原石尺寸	108×53.3×7.5；上门枢：5×5.5；下门枢：6×2.5
画面尺寸	105×50
质地	砂岩
原石情况	待补
所属墓群	1998M2
组合关系	右门扉，与门楣石，左、右门柱，左门扉为墓门面五石组合。
画面简述	朱雀、铺首图。朱雀通体施阴线刻，显示了冠和羽翅的华丽。铺首的五官亦以阴刻线勾勒。
著录与文献	王炜林：《神木大保当——汉代城址与墓葬考古报告》，北京：文物出版社，2001年，图131。
出土/征集时间	1998年出土
收藏地	榆林市汉画像石馆

编号	SSX-SM-017-01
时代	东汉
原收藏号	2000M1：01
出土地	大保当
原石尺寸	169×32×6
画面尺寸	142×30
质地	砂岩
原石情况	正面、背面平整。上、下侧面平整。上侧面凿规整的人字纹。下侧面中间凿刻规整的条纹。左、右侧面欠平整。
所属墓群	2000M1
组合关系	门楣石，与左、右门柱，左、右门扉为墓门面五石组合。
画面简述	画面分为三栏。外栏阴线刻画变形的夔龙纹。中间一栏阳刻绶带穿璧纹。内栏左边以三分之一的版面刻画西王母。她头戴胜仗，身着斜衽宽衣，拥袖正面端坐，面部五官以阴线刻画。其左两持便面的侍从恭立。右一背生双翅的神怪跪献仙草。身后有金鸟、玉兔、狐。右边刻绘十人，左边一个体壮腰圆的人蹲于地上，双手扶一管状乐器（竿？箫？），仰首作鼓吹状。对面一人半蹲于地，右手前伸，左手执一长柄圆形器（鼗鼓？），与吹管乐人呼应。身后三人皆着袍站立。右边两人体态矫健，持钩镶格斗。左有两人均右手执长剑，另一人身着长袍，双臂弯曲于胸前。画面左、右两端分别阳刻日、月轮。月轮内阴刻蟾蜍和奔兔。蟾蜍肥硕的四肢撇开，作腾跃起跳状。玉兔长耳短尾，健壮的四肢拉成一线，作朝前急奔状。蟾蜍、玉兔身上均錾刻麻点。 月轮内两物一正一侧，既使画面布局合理，又增加视觉上的美感。日轮内阳刻金乌，喙尖长，缩颈鼓翅，作飞行状。金乌的双翅、羽尾，均顺飞行方向刻麻点，麻点拉长为圆头细尾，烘托飞翔的急速。
著录与文献	未发表
出土/征集时间	2000 年出土
收藏地	榆林市文物保护研究所

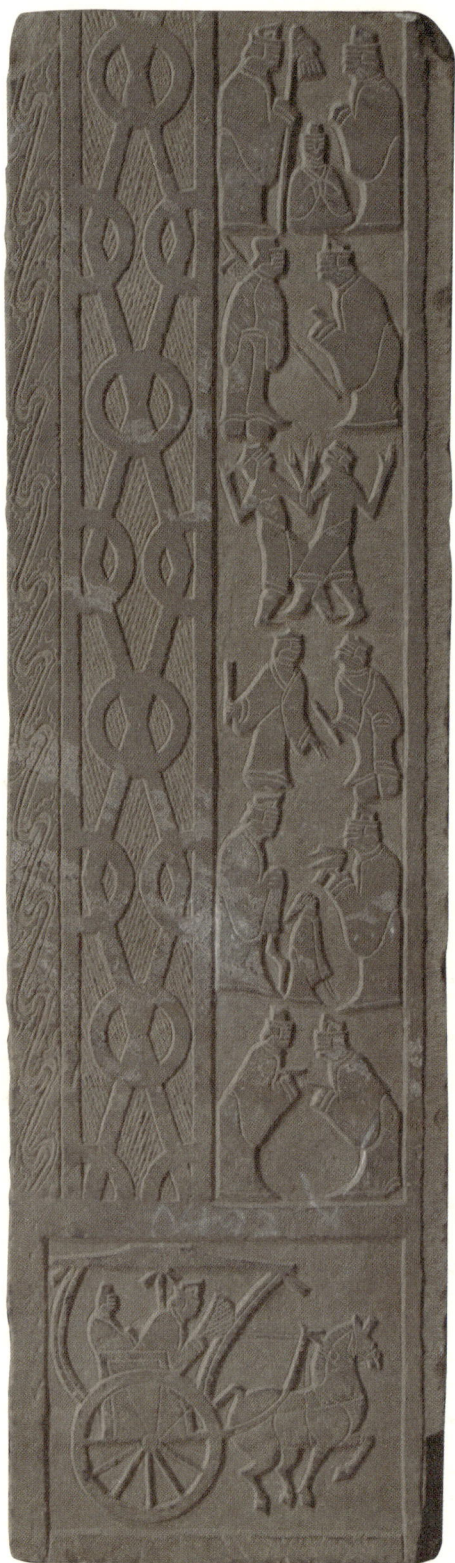

编号	SSX-SM-017-02
时代	东汉
原收藏号	2000M1：02
出土地	大保当
原石尺寸	95×28×6
画面尺寸	94×26
质地	砂岩
原石情况	正面、背面平整。上、下侧面平整。左侧面平整，凿人字纹。右侧面平整，凿规整的细条纹。
所属墓群	2000M1
组合关系	左门柱，与门楣石，右门柱，左、右门扉为墓门面五石组合。
画面简述	画面布局与门楣石完全相同，外栏与中栏纹样与门楣石外栏与中栏纹样相衔接。内栏自上而下分为六层。第一层：历史故事"周公辅成王"。第二层：两人站立对语。居左者着锦衣长裙，背负长柄器物（？）。对面一人戴冠着袍，手持一笏形物躬身站立。第三层：两身材修长，着袍穿靴舞者，仰首交臂，迈步起舞。居右者高鼻深目，当为胡人。第四层：两人各执一短棒（管乐？），比划、切磋技艺的样子。第五层：历史故事"孔子见老子"。第六层：两人均戴冠着袍，手执同一形状棒状物，相互躬身。最下一格刻一辆安车（车型与孙机所示相似，但安车应是四马驾车，而此为一马）缓步前行。
著录与文献	未发表
出土/征集时间	2000年出土
收藏地	榆林市文物保护研究所

编号	SSX-SM-017-03
时代	东汉
原收藏号	2000M1：03
出土地	大保当
原石尺寸	96×28×6
画面尺寸	95×25
质地	砂岩
原石情况	正面、背面平整。上、下侧面平整。左侧面平整，凿规整的人字纹。右侧面凿刻规整的细条纹。
所属墓群	2000M1
组合关系	右门柱，与门楣石，左门柱，左、右门扉为墓门面五石组合。
画面简述	画面布局与门楣石完全相同，外栏、中栏纹样与门楣石外栏与中栏纹样相衔接。内栏自上而下分为六层，第一层：两人站立，居左者戴冠着襜褕，腰系绶带状物。居右者身着长袍，两人袖手相对而立，似在对语。第二层：两人对立。居左者头梳高髻，长袍拖地，居右者头戴进贤冠，着袍仰首，似在对语。第三层：左一人头戴进贤冠，身着襜褕，手执一物，躬身站立。右一人头戴通天冠，着袍持旌（？无飘带）站立。第四层：两人一正一侧站立，侧立者头戴进贤冠，身着襜褕，右手执短棒状物，稍躬身面正立者，作讲述状。正立者显为女性，戴冠着袍，袖手而立。第五层：两老者各执长棍状物躬身站立，作互施礼状。第六层：玄武。最下一格刻一辆屏车缓步前行，画面中人物的衣纹均以阴线刻画。
著录与文献	未发表
出土/征集时间	2000年出土
收藏地	榆林市文物保护研究所

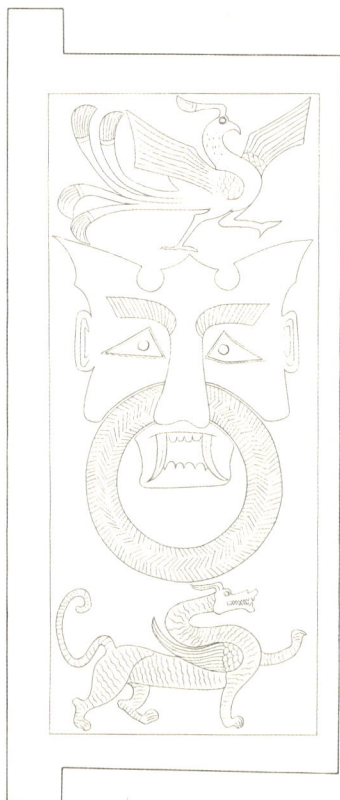

编号	SSX-SM-017-04
时代	东汉
原收藏号	2000M1：04
出土地	大保当
原石尺寸	104×51；上门枢：6×10；下门枢：5×8
画面尺寸	95×42
质地	砂岩
原石情况	正面、背面平整。上、下、左、右侧面平整，凿条纹或人字纹。
所属墓群	2000M1
组合关系	左门扉，与门楣石，左、右门柱，右门扉为墓门面五石组合。
画面简述	朱雀、铺首、青龙。朱雀的冠、尾羽、双翅、羽毛，铺首的五官、耳部，青龙的身躯、尾部，均施加了阴刻线。
著录与文献	未发表
出土/征集时间	2000 年出土
收藏地	榆林市文物保护研究所

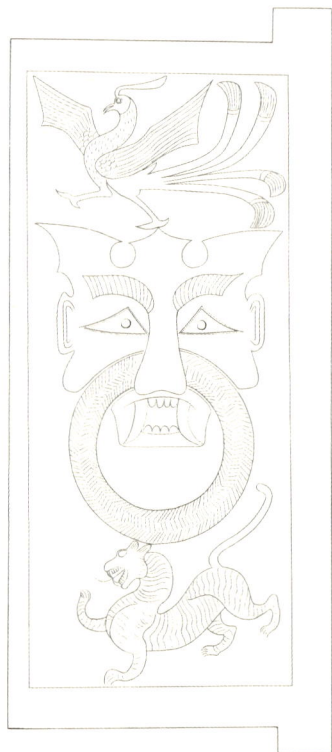

编号	SSX-SM-017-05
时代	东汉
原收藏号	2000M1：05
出土地	大保当
原石尺寸	105×52；上门枢：6×10；下门枢：6×10
画面尺寸	94×42
质地	砂岩
原石情况	正面、背面平整。上、下、左、右侧面平整，凿条纹或人字纹。
所属墓群	2000M1
组合关系	右门扉，与门楣石、左、右门柱，左门扉为墓门面五石组合。
画面简述	朱雀、铺首、白虎。朱雀的冠、尾羽、双翅、羽毛，铺首的五官、耳部，白虎的躯体、头、尾，均施加了阴刻线。
著录与文献	未发表
出土/征集时间	2000 年出土
收藏地	榆林市文物保护研究所

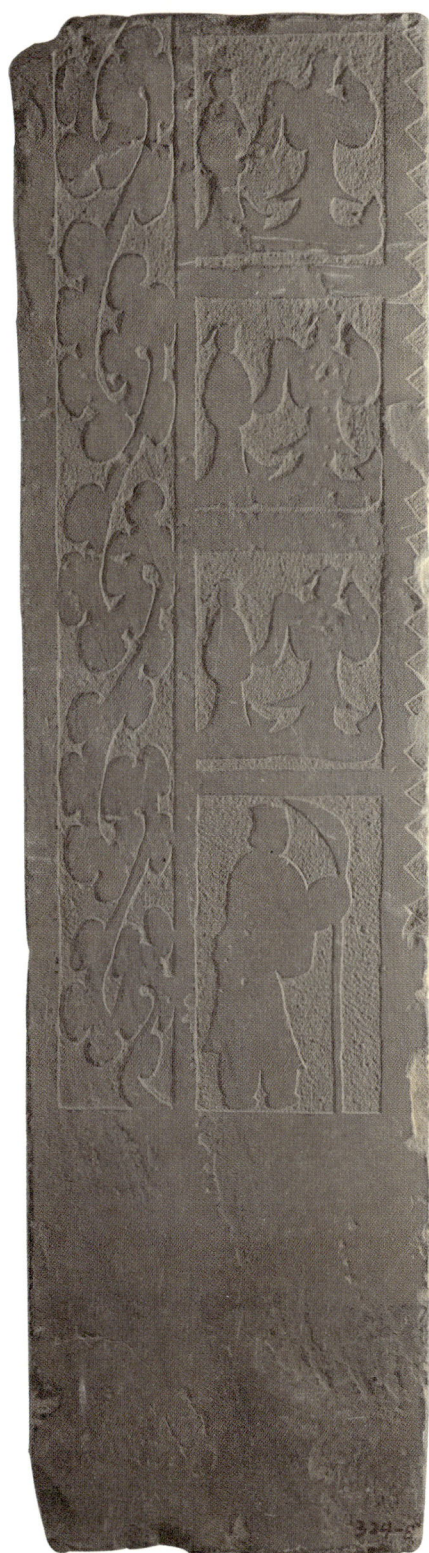

编号	SSX-SM-018-01
时代	东汉
原收藏号	1983M1：001
出土地	乔岔滩乡柳巷村
原石尺寸	123×34×10
画面尺寸	84×30
质地	砂岩
原石情况	正面、背面均平整。左、右侧面凿刻条纹。上、下侧面有不规则凿痕。
所属墓群	1983M1
组合关系	左门柱，与门楣石，右门柱，左、右门扉为墓门面五石组合。
画面简述	画面分为内、外两栏。外栏为卷云纹。内栏自上而下分为四格，一至三格均刻一舞伎头梳垂髻髽，身着袿衣，挥舞长袖，作舞蹈状。一身着长袍的妇人，亦头梳垂髻髽，站立于舞者身后。第四格一门吏，头戴帻巾，身着长襦大袴，手执长柄彗面门站立。
著录与文献	李林、康兰英、赵力光：《陕北汉代画像石》，西安：陕西人民出版社，1995年，图10。
出土/征集时间	1983年出土
收藏地	神木县博物馆

编号	SSX-SM-018-02
时代	东汉
原收藏号	1983M1：002
出土地	乔岔滩乡柳巷村
原石尺寸	129×34×10
画面尺寸	83×30
质地	砂岩
原石情况	正面、背面均平整。左、右侧面凿刻条纹，上侧面有不规则凿痕，下侧面平整。
所属墓群	1983M1
组合关系	右门柱，与门楣石、左门柱，左、右门扉为墓门面五石组合。
画面简述	画面分为内、外两栏。外栏为卷云纹。内栏自上而下分为四格，一至三格均刻一舞伎头梳垂髻髻，身着袿衣，挥舞长袖，作舞蹈状。一身着长袍的妇人，亦头梳垂髻髻，站立于舞者身后，似在观赏助兴。第四格一门吏，头戴帻巾，身着长襦大袴，手执长柄彗面门站立。
著录与文献	李林、康兰英、赵力光：《陕北汉代画像石》，西安：陕西人民出版社，1995 年，图 11。
出土/征集时间	1983 年出土
收藏地	神木县博物馆

编号	SSX-SM-018-03
时代	东汉
原收藏号	1983M1：05
出土地	乔岔滩乡柳巷村
原石尺寸	106×49×9
画面尺寸	84×36
质地	砂岩
原石情况	正面、背面平整。左侧面平整，凿人字纹。右侧面平整，有凿痕。上、下侧面平整，凿人字纹。
所属墓群	1983M1
组合关系	右门扉，与门楣石，左、右门柱，左门扉为墓门面五石组合。
画面简述	朱雀、铺首衔环、独角兽。画面补白卷云纹、卧鹿、攀猿、仙草。
著录与文献	李林、康兰英、赵力光：《陕北汉代画像石》，西安：陕西人民出版社，1995 年，图 12。
出土/征集时间	1983 年出土
收藏地	神木县博物馆

编号	SSX-SM-018-07
时代	东汉
原收藏号	1983M1：11
出土地	乔岔滩乡柳巷村
原石尺寸	132×36×11
画面尺寸	78×29
质地	砂岩
原石情况	正面、背面、上侧面平整。下侧面呈毛石状。左、右侧面平整，凿不规整条纹。
所属墓群	1983M1
组合关系	左门柱，与横楣石，右门柱，左、右边侧石为前室某壁五石组合。
画面简述	画面自上而下分为四格，第一至第三格均刻一舞伎着袿衣翩翩起舞。身后两妇人亦着拖地长裙，双手似捧物（乐器？或袖手观看、伴舞？），一小孩头梳双髻，身着长袍，立于一边观看。下格刻一翼龙，体态矫健，作前奔状。
著录与文献	李林、康兰英、赵力光：《陕北汉代画像石》，西安：陕西人民出版社，1995年，图7。
出土/征集时间	1983年出土
收藏地	神木县博物馆

编号	SSX-SM-018-08
时代	东汉
原收藏号	1983M1：13
出土地	乔岔滩乡柳巷村
原石尺寸	120×25
画面尺寸	77×13
质地	砂岩
原石情况	上部剥蚀。
所属墓群	1983M1
组合关系	边柱，与横楣石，左、右门柱，另一边柱为前室某壁五石组合。
画面简述	卷云纹。
著录与文献	李林、康兰英、赵力光：《陕北汉代画像石》，西安：陕西人民出版社，1995年，图4。
出土/征集时间	1983年出土
收藏地	神木县博物馆

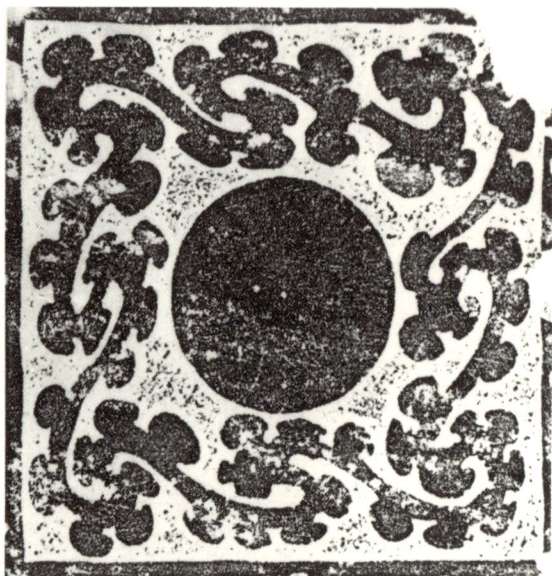

编号	SSX-SM-018-11
时代	东汉
原收藏号	1983M1：18
出土地	乔岔滩乡柳巷村
原石尺寸	32×31×12
画面尺寸	29×29
质地	砂岩
原石情况	上、下面平整。四个侧面平整，有凿纹。整体呈覆斗形。
所属墓群	1983M1
组合关系	顶心石，单独镶嵌于墓前室顶部
画面简述	正中阳刻一圆，象征日轮，出土时涂红色，墨线绘金乌展翅飞翔。圆外四周围绕卷云纹。
著录与文献	李林、康兰英、赵力光：《陕北汉代画像石》，西安：陕西人民出版社，1995 年，图 8。
出土/征集时间	1983 年出土
收藏地	神木县博物馆

编号	SSX-SM-019-02
时代	东汉
原收藏号	1983M2：2
出土地	乔岔滩乡柳巷村
原石尺寸	108×31×（8~9）
画面尺寸	107×26
质地	砂岩
原石情况	正面、背面平整。上、下、左侧面有凿痕。右侧面凿不规则条纹。
所属墓群	1983M2
组合关系	左门柱，与门楣石，右门柱，左、右门扉为墓门面五石组合。
画面简述	画面分为左、中、右三栏。左右栏是以"∽"形勾连组成的图案。中栏为圆和直线组成的几何纹饰图案。
著录与文献	李林、康兰英、赵力光：《陕北汉代画像石》，西安：陕西人民出版社，1995 年，图 14。
出土/征集时间	1983 年出土
收藏地	

编号	SSX-SM-019-03
时代	东汉
原收藏号	1983M2：3
出土地	乔岔滩乡柳巷村
原石尺寸	108×30×9
画面尺寸	108×26
质地	砂岩
原石情况	正面、背面平整。上、下、左三个侧面有凿痕。右侧面有不规则条纹。
所属墓群	1983M2
组合关系	右门柱，与门楣石，左门柱，左、右门扉为墓门面五石组合。
画面简述	画面分为左、中、右三栏。左右栏是以"ᴗ"形勾连组成的图案。中栏为圆和直线组成的几何纹饰图案。
著录与文献	李林、康兰英、赵力光：《陕北汉代画像石》，西安：陕西人民出版社，1995 年，图15。
出土/征集时间	1983 年出土
收藏地	神木县博物馆

编号	SSX-SM-019-04
时代	东汉
原收藏号	1983M2：5
出土地	乔岔滩乡柳巷村
原石尺寸	111×（49-55）×7
画面尺寸	100×45
质地	砂岩
原石情况	正面、背面平整。上、下、右三个侧面有凿痕。左侧面呈圆柱状。
所属墓群	1983M2
组合关系	右门扉，与门楣石，左、右门柱，左门扉为墓门面五石组合。
画面简述	朱雀、铺首。朱雀头上的冠阳刻一条直线上扬。铺首的眉、眼、鼻、齿均以阴线刻画。
著录与文献	李林、康兰英、赵力光：《陕北汉代画像石》，西安：陕西人民出版社，1995年，图16。
出土/征集时间	1983年出土
收藏地	神木县博物馆

编号	SSX-SM-005-04
时代	东汉
原收藏号	M3：1
出土地	大保当
原石尺寸	110×45×6
画面尺寸	93×37.5
质地	砂岩
原石情况	残存7块。
所属墓群	1996M3
组合关系	左门扉，与门楣石、左、右门柱、右门扉为墓门面五石组合。
画面简述	朱雀、铺首、独角兽。上刻朱雀头，躯体涂朱彩，墨线勾勒双翅，褐彩涂绘羽毛。中间铺首衔环，环左右各有一神怪手抓圆环，环下补白朱雀、奔鹿、猿。最下刻独角兽，其角、舌、身上的皮毛施红彩。
著录与文献	王炜林：《神木大保当——汉代城址与墓葬考古报告》，北京：文物出版社，2001年，图46。
出土/征集时间	1996年出土
收藏地	榆林市汉画像石馆

编号	SSX-SM-009-03
时代	东汉
原收藏号	M11：10
出土地	大保当
原石尺寸	103×44；下门枢长6厘米
画面尺寸	不详
质地	砂岩
原石情况	残存左下部和左上半部残块。
所属墓群	1996M11
组合关系	右门扉，与门楣石、左、右门柱、左门扉为墓门面五石组合。
画面简述	朱雀、铺首、独角兽。画面上方以墨线勾勒朱雀轮廓、躯体和头，头上的冠均涂红、白两色，墨点睛。中间是铺首衔环。下刻独角兽，兽身涂朱，墨线勾勒四肢、尾和双翼。空白处填刻了朱雀、花朵、翼马、仙人，不同部位分别施红、褐、墨彩。
著录与文献	王炜林：《神木大保当——汉代城址与墓葬考古报告》，北京：文物出版社，2001年，图124。
出土/征集时间	1996年出土
收藏地	榆林市汉画像石馆

编号	SSX-SM-011-05
时代	东汉
原收藏号	M17：4
出土地	大保当
原石尺寸	55×49.5×6.5
画面尺寸	42×32
质地	砂岩
原石情况	不详
所属墓群	1996M17
组合关系	右门扉，与门楣石，左、右门柱，左门扉为墓门面五石组合。
画面简述	朱雀、铺首、翼虎。铺首的双眼用阴线刻成圆形。
著录与文献	王炜林：《神木大保当——汉代城址与墓葬考古报告》，北京：文物出版社，2001 年，图 103。
出土/征集时间	1996 年出土
收藏地	榆林市汉画像石馆

编号	SSX-SM-013-05
时代	东汉
原收藏号	M20：5
出土地	大保当
原石尺寸	113×49×5.5
画面尺寸	
质地	砂岩
原石情况	正面、背面平整。上、下侧面平整。左侧面平整，凿斜条纹。右侧面欠平整。
所属墓群	1996M20
组合关系	右门扉，与门楣石，左、右门柱，左门扉为墓门面五石组合。
画面简述	朱雀、铺首、翼龙。上刻朱雀，以墨线和较细的阴刻线表现羽毛，颈、背相邻处涂红彩。用阴刻线勾勒的喙、眼，内涂红彩。中间铺首衔环。铺首的牙、眼、鼻、口均以阴刻线勾勒，内涂红彩。所衔之环依稀可见红彩描绘痕。下刻翼龙。两边补白仙草。墨线绘出龙身斑纹。
著录与文献	王炜林：《神木大保当——汉代城址与墓葬考古报告》，北京：文物出版社，2001 年，图 140。
出土/征集时间	1996 年出土
收藏地	榆林市汉画像石馆

编号	SSX-SM-018-04
时代	东汉
原收藏号	1983M1：07
出土地	乔岔滩乡柳巷村
原石尺寸	122×48
画面尺寸	53×35
质地	砂岩
原石情况	
所属墓群	1983M1
组合关系	左门柱，与横楣石，右门柱，中柱石为墓室东北壁四石组合。
画面简述	画面自上而下分为三格，上格风蚀严重，图像漫漶不清。第二格一厅堂内两舞伎身着袿衣，挥臂作舞蹈状。中间一着长袍者站立作观看状。下格一辆马车仁立于厅堂内，车前坐一驭手。车轮的条幅清晰可见。
著录与文献	李林、康兰英、赵力光：《陕北汉代画像石》，西安：陕西人民出版社，1995 年，图 1。
出土/征集时间	1983 年出土
收藏地	神木县博物馆

编号	SSX-SM-018-05
时代	东汉
原收藏号	1983M1：08
出土地	乔岔滩乡柳巷村
原石尺寸	128×34
画面尺寸	
质地	砂岩
原石情况	
所属墓群	1983M1
组合关系	右门柱，与横楣石，左门柱，中柱石为墓室东北壁四石组合。
画面简述	画面自上而下分为三格，上格风蚀严重，图像漫漶，依稀可见三人静坐。第二格一厅堂内两舞伎身着袿衣，扬臂作舞蹈状。中间一着长袍者站立作观看状。下格一辆马车仁立于厅堂内，屋顶斜面两猿向上攀爬。车前端坐一驭手，伸手拉着马缰。车轮的条幅清晰可见。
著录与文献	李林、康兰英、赵力光：《陕北汉代画像石》，西安：陕西人民出版社，1995 年，图 2。
出土/征集时间	1983 年出土
收藏地	神木县文管所

编号	SSX-SM-018-06
时代	东汉
原收藏号	1983M1：09
出土地	乔岔滩乡柳巷村
原石尺寸	130×16
画面尺寸	84×12
质地	砂岩
原石情况	待补
所属墓群	1983M1
组合关系	中柱石，与横楣石，左、右门柱为墓室东北壁四石组合。
画面简述	刻绶带穿璧纹。
著录与文献	李林、康兰英、赵力光：《陕北汉代画像石》，西安：陕西人民出版社，1995 年，图 3。
出土/征集时间	1983 年出土
收藏地	神木县文管所

编号	SSX-SM-018-09
时代	东汉
原收藏号	1983M1：16
出土地	乔岔滩乡柳巷村
原石尺寸	120×36
画面尺寸	80×30
质地	砂岩
原石情况	上部剥蚀。
所属墓群	1983M1
组合关系	左门柱，与横楣石、右门柱为墓室前室东南壁三石组合。
画面简述	画面分为四格，第一、第二格石面剥蚀，画面漫漶，但经与右柱对照，是为乐舞百戏图。第三格为技击图，画面上四人均头戴力士冠，身着短襦袴，手执钩镶或执剑相互搏击。下格一牛车缓慢前行。
著录与文献	李林、康兰英、赵力光：《陕北汉代画像石》，西安：陕西人民出版社，1995 年，图 5。
出土/征集时间	1983 年出土
收藏地	神木县博物馆

编号	SSX-SM-018-10
时代	东汉
原收藏号	1983M1：17
出土地	乔岔滩乡柳巷村
原石尺寸	120×35
画面尺寸	
质地	砂岩
原石情况	上部剥蚀。
所属墓群	1983M1
组合关系	右门柱，与横楣石、左门柱为墓室前室东南壁三石组合。
画面简述	画面分为四格，第一格为乐舞图。第二格为百戏图，两人一手执桴，一手持巾，击鼗踏盘而舞。另两人身着短襦袴，发辫（？）后扬，挥臂跳跃，相伴而舞；第三格为技击图，画面上四人均头戴力士冠，身着短襦袴，手执钩镶或执剑相互搏击。下格一牛车缓慢前行。
著录与文献	李林、康兰英、赵力光：《陕北汉代画像石》，西安：陕西人民出版社，1995年，图6。
出土/征集时间	1983年出土
收藏地	神木县博物馆

编号	SSX-SM-019-01
时代	东汉
原收藏号	1983M2：1
出土地	乔岔滩乡柳巷村
原石尺寸	44×41
画面尺寸	待补
质地	砂岩
原石情况	右段大部分残佚。正面、背面平整。上、下、左侧面平整，有凿痕。右侧面平整，凿不规则条纹。
所属墓群	1983M2
组合关系	门楣石残段，与左、右门柱，左、右门扉为墓门面五石组合。
画面简述	圆和几何纹组合的图案。
著录与文献	李林、康兰英、赵力光：《陕北汉代画像石》，西安：陕西人民出版社，1995年，图13。
出土/征集时间	1983年出土
收藏地	神木县博物馆

陕北汉画研究文献叙录

康兰英

一、考古调查、清理发掘类（1-18）

1. 田醒农：《陕北东汉画像石调查、清理经过》，载陕西省博物馆、陕西省文物管理委员会合编：《陕北东汉画像石刻选集》，第115-126页，文物出版社，1959年。

内容提要：文章记述了陕西省博物馆、陕西省文物管理委员会在1952年绥德县发现王得元画像石墓之后，组织调查组于1956年赴陕北进行考古调查经过。对绥德县义合镇快华岭已被破坏的4座画像石墓进行了清理发掘，简报了墓葬的结构、形制、棺椁尸骨、随葬器物、画像石的遗存情况。提供了从1953年-1957年，陕北出土的167块画像石的调查、征集、收藏情况，结语中提出的四点看法是：快华岭画像石墓葬和陕西关中地区汉代砖石墓在结构上基本相同；画像石取材均在当地；随葬器物中的漆底彩绘陶器在陕北是第一次发现；画像石的分布多聚集在绥德、米脂、榆林一带。

关键词：绥德义合　画像石墓　结构形制　随葬器物　画像石

2. 陕西省博物馆、文管会：《米脂东汉画像石墓发掘简报》，载《文物》1972年第3期，第69-73页。

内容提要：本文为1971年米脂官庄4座画像石墓清理简报，记录了M1（M2与M1结构、形制相同）、M3、M4的结构、形制、棺椁尸骨、随葬器物，以及画像石遗存情况。文章从画面内容判断，4座墓的主人应属于当时的统治阶层。画像内容除了有闲阶层的娱乐、车骑出行外，还有反映现实生活、生产劳动的题材。牛耕图、谷穗图是研究东汉农业生产的重要资料。墓室顶部的太阳石、月亮石象征日、月照临。祥瑞禽兽、神话故事的刻画，可窥见汉代巫风之盛和方士长生思想之一斑。铭刻"永初元年"的纪年石，与其他3座墓出土的画像石类比，初步判定4座墓的时代在东汉安帝永初年（公元107年）前后。

关键词：米脂官庄　东汉　画像石墓　墓葬形制结构　随葬器物　画像石

3. 吴兰、学勇：《陕西米脂官庄东汉画像石墓》，载《考古》1987年第11期，第997-1001页。

内容提要：本文为1981年米脂官庄画像石墓清理简报，记录了墓葬的结构形制，以及画像石在墓葬内的组合镶嵌情况和每块画像石的规格尺寸。文章对画像石的部分内容进行了考证，并给部分图像定了名：将左、右门柱上的人首人身神判定为伏羲、女娲；西壁阁楼内两人系墓主人夫妇；

南壁门柱下所刻图像为"树下喂马图";西壁左为"七盘舞",右为"长袖舞";边栏云气纹均称"如意纹"。经与绥德等地墓葬类比,该墓断代为东汉时代。

关键词:米脂官庄　东汉　画像石墓　墓葬形制结构　画像石

4. 榆林市文管会、米脂县博物馆:《米脂官庄村东汉画像石墓清理简报》,载《中国汉画研究》第二卷,第2-10页,广西师大出版社,2006年。

内容提要:本文为1986年出土的陕西省米脂官庄村东汉画像石墓清理简报,记录了此墓的墓葬形制、结构及相关情况,描述了画像石的数量、位置、组合镶嵌情况,以及每块画像石的规格尺寸,并对其中一些内容进行了考证和认定。根据以上信息,判定该墓的年代应在东汉中晚期。

关键词:米脂官庄　东汉　画像石墓　墓葬形制结构　画像石

5. 绥德博物馆:《陕西绥德发现汉画像石墓》,载《考古》1986年第1期,第82-84页。

内容提要:本文记录了1983年绥德黄家塔画像石墓群中1-3号墓的结构、形制,以及画像石在墓葬内的组合镶嵌情况和每块画像石的规格尺寸。描述汉画像石画面内容的同时,提出了"拔天扶桑"、"锦盖"、"桃拔"、"忍冬纹"、"羽盖"等图像的称谓,提出该墓地是一处集中、排列有序的汉墓群。

关键词:1983年　绥德黄家塔　东汉　画像石墓　墓葬形制结构　画像石

6. 戴应新、魏遂志:《陕西绥德黄家塔东汉画像石墓群发掘简报》,载《考古与文物》1988年第5期,第251-261页。

内容提要:本文记录了1983年绥德黄家塔画像石墓群中M6、M9、M11、M12(M1无画像石)清理简况,记述了墓葬的结构、形制,墓内棺椁尸骨、随葬器物遗存状况,以及画像石在墓葬内的组合镶嵌情况和每块画像石的规格尺寸。描述了画像石的画面内容,并对一些题材作了考证。推断4座墓为同一时期,即公元100年左右。提出了当时工匠们在制作画像石时可能有"模板"之类的图样作底稿。

关键词:绥德黄家塔　东汉　画像石墓　墓葬形制结构　画像石　模板使用

7. 李林:《陕西绥德县黄家塔汉代画像石墓群》,载《考古学集刊》2004年第14期,第54-78页。

内容提要:本文记录了1983年绥德黄家塔画像石墓群中M4-M13（M12无画像石）清理简况,描述了墓葬的结构形制、墓内棺椁尸骨、随葬器物遗存状况,以及画像石的规格尺寸、在墓葬内的组合镶嵌情况。同时对部分题材内容作了考证。提出黄家塔画像石墓群分布较为密集,墓向基本一致,排列有序,无互相打破现象;有纪年的墓主皆为王姓,M6与王得元墓墓葬方向、结构形制、画像风格相近,时间仅相距4年,可推断黄家塔为王姓家族墓地;黄家塔画像石墓群展现了陕北画像石墓的初兴、盛行、衰落各个时期的面貌和特征。

关键词:1983年　绥德黄家塔　东汉　墓葬　家族墓地　画像石

8. 吴兰:《陕西绥德汉画像石墓》,载《文物》1983年第5期,第28-32页。

内容提要:本文记录了1982年绥德苏家岩乡苏家屹坨画像石墓清理简况,记述了墓葬的结构形制、棺椁尸骨、随葬器物,以及画像石在墓葬内的遗存、组合镶嵌情况和每块画像石的规格尺寸,并对画像石画面内容进行了描述,将左、右门柱上格的树形图像称为"扶桑树"。

关键词:绥德苏家岩乡苏家屹坨　东汉　画像石墓　墓葬形制结构　画像石

9. 戴应新:《陕西绥德县延家岔东汉画像石墓》,载《考古》1983年第3期,第233-237页。

内容提要:本文记录了1975年绥德延家岔画像石墓的结构形制、墓内棺椁尸骨遗存概况,以及画像石规格尺寸、在墓葬内的组合镶嵌格局。详细地描述了画像石的画面内容,并对部分题材进行了考释。推断墓葬时代在东汉章帝、和帝时期;从墓前室葬两人,后室、左、右耳室各葬一人看,应是家族合葬墓;日月刻石在一定程度上反映了古人的宇宙和阴阳观念。

关键词:绥德延家岔　东汉　画像石墓　墓葬形制结构　画像石　家族合葬墓

10. 李林:《陕西绥德延家岔二号画像石墓》,载《考古》1990年第2期,第176-179页。

内容提要:本文记录了1976年绥德延家岔画像石墓的结构形制、画像石在墓葬内的组合镶嵌情况和每块画像石的规格尺寸,描述了画像石的画面内容,推断该墓早于1号墓,时代在东汉章帝、和帝时期。

关键词:绥德延家岔　东汉　画像石墓　墓葬形制结构　画像石

11. 吴兰：《绥德呜咽泉村画像石墓》，载《文博》1992年第5期，第39转22页。

内容提要:本文记录了1986年绥德城南辛店呜咽泉画像石墓的结构形制、棺椁尸骨、随葬器物、画像石在墓葬内的组合镶嵌情况和每块画像石的规格尺寸。文章在描述了画像石内容之后，提出画像石墓内刻写伦理吉庆语词和以羊、狗图像充占庭室显著部位是首次发现。

关键词：绥德辛店呜咽泉　东汉　画像石墓　墓葬形制结构　画像石　伦理吉庆铭文

12. 吴兰、志安、春宁《绥德辛店发现两座画像石墓》，载《考古与文物》1993年第1期，第17—22页。

内容提要:本文记录了1987年绥德城南辛店裴家峁画像石墓的结构形制、棺椁尸骨、随葬器物、画像石在墓葬内的组合镶嵌情况和每块画像石的规格尺寸。

关键词：绥德辛店裴家峁　东汉　画像石墓　墓葬形制结构　画像石

13. 榆林市文管会、绥德县博物馆:《绥德县辛店郝家沟村汉画像石墓清理简报》，载《中国汉画研究》第二卷，第11-18页，广西师大出版社，2006年。

内容提要：本文为2002年陕西绥德县辛店郝家沟村出土的一座汉墓的清理简报，记录了此墓的结构形制及相关情况，描述了画像石的数量、位置、尺寸和题材，判定该墓的时代应在东汉中晚期。本文指出，墓葬的后室开在前室西壁上，前室画像石的镶嵌也不对称，这在陕北以往发现的画像石墓中是从来没有的。

关键词：绥德县辛店郝家沟　东汉　画像石墓　墓葬形制结构　画像石

14. 李林：《绥德寨山发现汉画像石墓》，载《文博》1996年第2期，第90-91页。

内容提要：本文记录了1980年绥德寨山画像石墓的调查清理情况以及墓葬结构形制、画像石在墓葬内的组合镶嵌情况和每块画像石的规格尺寸。

关键词：绥德寨山　东汉　画像石墓　墓葬形制结构　画像石

15. 榆林市文管会、绥德县博物馆:《陕西绥德县四十里铺画像石墓调查简报》,载《考古与文物》

2002 年第 3 期，第 19-26 页。

　　内容提要：本文是作者对 1997 年在绥德四十里铺发现的画像石墓的考古调查简报，记录了画像石的规格尺寸，描述了画像石的画面内容，着重对铭文刻石进行了考释。指出第一次在陕北画像石墓中出现了"招魂辞"，是受楚文化影响的例证；古圜水即今"无定河"圜阴、圜阳，应在无定河两岸寻找。

　　关键词：绥德四十里铺　东汉　画像石墓　墓葬形制结构　画像石　招魂辞　圜阳

16. 吴兰：《陕西子洲出土东汉画像石》，载《考古与文物》1985 年第 3 期，第 24-25 页。

　　内容提要：本文是 1968、1975 年子洲怀宁湾乡 3 座画像石墓的调查、清理简报，记述了墓葬的结构形制、画像石在墓葬内的组合镶嵌情况和每块画像石的规格尺寸。推断 3 座墓的时代在东汉和帝至顺帝时期。大致确定了陕北画像石的产生在北伸古圜水，西向奢延水、走马水，东至黄河这一范围内。

　　关键词：子洲怀宁湾　东汉　画像石墓　墓葬形制结构　画像石

17. 吴兰：《陕西神木柳巷村汉画像石墓》，载《中原文物》1986 年第 1 期，第 14-16 页。

　　内容提要：本文是 1982 年神木柳巷村两座画像石墓的调查清理简报，记述了墓葬的结构形制、画像石在墓葬内的组合镶嵌情况和每块画像石的规格尺寸。描述了画像石的画面，推断两座墓的时代在东汉早期。提出墓葬后室在拱券之上，后壁又以四角攒尖式回收，与拱顶吻合的建筑手法是新发现。

　　关键词：神木柳巷村　东汉早期　画像石墓　墓葬形制结构　画像石

18. 杜伟：《官庄东汉画像石墓葬发掘纪要》，载米脂县文体事业局、米脂县黄土地文化研究会：《盘龙山》2005 年第 4 期，第 35-36 页。

　　内容提要：文章简要记述了 2002 年官庄 3 座画像石墓清理发掘概况，提供了 3 座墓葬的规格、形制结构，以及画像石遗存情况、规格尺寸。其中墓 2 级别较高。3 座墓葬共出土各类文物 71 件，画像石 41 块。

　　关键词：陕北米脂官庄　东汉　画像石

二、综述类（1-19）

1. 何正璜:《陕北东汉画像石概述》，载陕西省博物馆、陕西省文物管理委员会编:《陕北东汉画像石刻选集》，1959 年，文物出版社，第 6-12 页。

内容提要:文章概述了陕北画像石产生、盛行的历史背景、地理因素。从布局结构、艺术风格、题材内容、雕刻技法四个方面论述了陕北画像石的特殊之处，并将初步研究的成果归纳为八点看法。

关键词:陕北画像石　历史背景　地理因素　布局结构　艺术风格　题材内容　雕刻技法

2. 张欣:《规制与变异——陕北汉代画像石综述》，载《中国汉画研究》第二卷，第 252-425 页，广西师大出版社，2006 年。

内容提要:本文是关于陕北东汉画像石的综述，梳理了相关原始资料和前人研究成果，建立了适用的分析框架，采用数据库方式著录画像石墓葬、石构件、图像（见附表 2-4），在大量样本的基础上，对此种民间丧葬系统中的图像遗存给予整体性的考察，通过不同视角的类比，提取、分析可能影响陕北画像石的多种因素，根据画像石墓和铭文所提供的信息，考察了不同量变（历史背景、地域分布、墓主身份、葬俗葬制、墓室结构、制作构件等）与图像的关系（影响的有无和强弱），然后着力分析图像的结构和风格，从限制性的角度，结合数据库统计，考察了图像配制情况，进而从模本（技术）层面推测现象的成因，再划分图像风格类型，将图像配制、模本和风格三个方面贯通起来，最后选取几个陕北画像石中的常见题材，具体审视其图像配置的特质。全文统摄于规制和变异的视角下，行文简明，并试图凸显问题意识和方法的自觉。

关键词:东汉　陕北　墓葬　画像石　图像　模板

3. 康兰英:《陕北东汉画像石综述》，载《中国汉画研究》第二卷，第 221-251 页，广西师大出版社，2006 年。

内容提要:文章综合地介绍了陕北榆林地区的东汉画像石。结合铭文，推测陕北东汉画像石的上限为东汉早期，下限为东汉晚期。依次介绍了陕北画像石的主要题材和内容，包括历史故事、神话故事、祥瑞动物、车骑出行、狩猎、放牧、农业生产、建筑、迎宾宴饮、人物拜会、乐舞百戏等。

在分析了陕北画像石所用的材料之后，着重分析了画像的艺术技法和艺术风格，指出其刻绘并用、对称性装饰和注重写实的特点，进而探讨画像石在陕北盛行的历史和社会原因，并概述了 20 世纪 20 年代以来对陕北画像石的著录和研究工作。

关键词：陕北　东汉　画像石　铭文　艺术技法　艺术风格

4. 陈孟东：《陕北东汉画像石题材综述》，载《文博》1987 年第 4 期，第 43-52 页。

内容提要：文章从陕北的历史背景着手，结合画像石画面，概括了陕北画像石的题材有农业、畜牧业、狩猎、出行宴饮、建筑、日常生活、舞乐百戏、宗教、神话和历史故事等，并进行了考释。文章推断：陕北画像石墓的主人多数是西河郡的官吏、地主、牧主。

关键词：陕北　东汉　画像石题材

5. 李林：《陕北汉代画像石述论》，载《人文杂志》1999 年第 4 期，第 112-115 页。

内容提要：回顾了从 50 年代以来，陕北画像石的出土、征集、收藏保管、展示、调查研究历程，体现了作者对陕北画像石的挚爱之情。初步理出了陕北画像石经历了 20 世纪 50 年代末到 60 年代初的发现、保护、征集起步阶段，70 年代初到 80 年代末的抢救发掘、资料刊布阶段，80 年代到 90 年代考证研究、逐渐深入阶段。

关键词：陕北画像石　出土　征集保管　调查研究

6. 陈根远：《陕北东汉画像石初探》，载《纪念山东大学考古专业创建二十周年文集》，第 388-396 页，山东大学出版社，1992 年。

内容提要：从历史背景说明陕北东汉时有两个安定期，即章帝到安帝永初 2 年，顺帝永建 4 年到永和 5 年，陕北画像石墓建造的时代也只能在这两个时期内。此推断以纪年石、墓葬形制、雕刻技法为论据作了论证。将陕北画像石的雕刻技法分为两类，并说明陕北画像石没有经历原始阶段，而是从山东直接引进来的。陕北画像石的题材内容可分三大类，其构图特点鲜明。

关键词：墓葬建造年代　陕北画像石　山东引进

7. 吕静：《陕北画像石探论》，载《文博》2004 年第 4 期，第 24-29 页。

内容提要：从陕北画像石的流行时间、雕刻技法与独特手法剖析了其非原生性，概述了陕北画像石的特殊内容和文化价值。

关键词：陕北画像石　非原生性　特殊内容　文化价值。

8. 石兴邦：《陕北汉代画像石》序，陕西人民出版社，1992 年。

内容提要：有关陕北画像石提出的问题可归纳为三点，即：陕北画像石"存在的时间可能只限于公元 89-140 年前后"；"雕刻技法基本归于减地平面阳刻一类"；画像石内容"大体分为反映社会生活的题材，描绘祥瑞和神话题材及历史题材"。提出古代物质文化遗存科学的发掘、整理、搜集乃考古学研究之基础。

关键词：陕北画像石　存在时间　雕刻技法　题材内容

9. 李林、康兰英、赵力光：《陕北汉代画像石》前言，陕西人民出版社，1992 年。

内容提要：概述了陕北画像石的题材内容、雕刻技法、艺术风格和文化价值。

关键词：陕北画像石　题材内容　雕刻技法　艺术风格　文化价值

10. 信立祥、蒋英炬：《陕西·山西汉画像石综述》，载《中国画像石全集 5：陕西·山西汉画像石》，第 1-16 页，山东美术出版社，2000 年。

内容提要：陕西画像石主要分布于陕北榆林地区无定河流域，山西画像石主要分布于晋西吕梁地区的三川河流域。两地画像石分布区以黄河为界，东西相邻。论述了两地画像石产生的历史、文化背景，追溯了两地画像石发现的大概历程，并将科学发掘和研究分为前后两个时期。陕北画像石的兴盛年代，大体在东汉和帝至顺帝永和 5 年西河郡治自平定迁离时以前的五六十年之间，晋西吕梁地区的画像石则是顺帝永和 5 年以后始直至东汉末年。两地画像石全出自墓葬，墓室结构特点决定了画像石图像配制规律。画像石的题材除了鬼神世界内容外，从历史到现实，涉及到了社会生活的广阔领域。雕刻技法可概括为四种，其艺术表现主要体现在浪漫主义和现实主义相结合上。

关键词：陕北　晋西北　东汉画像石　题材内容　雕刻技法　艺术风格

11. 李浴：《陕北、苏北等地的画像艺术》，《中国美术史纲》，第 353-356 页，辽宁美术出版社，1984 年。

内容提要：简述了陕北画像石的题材内容、雕刻手法、艺术风格，并推断陕北画像石的作者可能出自山东工匠之手。

关键词：陕北画像石　艺术风格

12. 李林、王不忠：《绚丽的陕西画像石》，载《龙语文物艺术》1990 年第 3 期【未及读到】

13. 戴应新：《陕北东汉画像石刻考》，载《人文杂志》1980 年第 2 期，第 58-60 页

内容提要：陕西发现的东汉画像石墓，迄今为止，仅见于无定河流域。画像石墓的规模有大小之异，形制也不相同。指出陕北画像石雕刻技法所达到的水平在中国历史上堪称一项杰出成就，刻绘配合，既富立体感又有画味，二者相得益彰，增强了艺术效果。又通过对车骑狩猎、乐舞农牧业生产等画面的描述、考释提出了自己的看法。

关键词：陕北　东汉画像石墓　画像石

14. 郑红利：《陕北汉画所见职官考释》，载《碑林集刊》第 11 期【未及读到】

15. 康兰英：《米脂官庄 2001 年出土的部分画像石简介》，载《中国汉画研究》第二卷，第 1 页，广西师大出版社，2006 年。

内容提要：作者简介了 2001 年米脂官庄画像石墓发现、调查情况，以及墓葬结构形制、画像石数量等。特别指出："一块两面刻画图像且作为后室两个并列门洞的隔墙的刻石，在陕北是第一次发现。"

关键词：米脂官庄　画像石墓　画像石　双面画像的隔墙石

16. 顾森：《陕北画像石》，《秦汉绘画史》，第166-169页，人民美术出版社，2002年。

内容提要：文章从历史背景简要地论述了陕北画像石的出现大约在东汉初至顺帝永和年间，前后流行了100年左右的时间。并提出陕北画像石虽然产生在有限的区域和时间里，但在画像石的分区里，仍被单列为一种类型。从类型和传承关系上，晋西北和陕北应视为一区。陕北在东汉中期，商人、地主、军吏成为主要的富有者和有权势者，画面的题材内容正反映了这部分人低素养的庸人追求。陕北画像石的艺术形式是独特的，在形象处理上不追求琐碎细节，而在线的应用和小形象的处理上，则采用今天剪纸中"连"的手法。从总体上看，极重装饰美。

关键词：陕北画像石　流行时间　类型　题材　艺术形式

17. 朱青生：《绥德消息》，李贵龙：《绥德文库·汉画像石卷》，第512-515页，中国文史出版社，2004年。

内容提要：作者指出，绥德汉画不同寻常的地域、位置、题材和纹样信息，为人们了解历史事实提供了证据，是中国汉画中的重要组成部分。提出调查整理全部图像信息，用科学的方法分析和复原图画，是我们研究汉画的目标。对于每一种纹样的形成过程和意义的推敲，是汉画中纹样学的重要工作。指出"绥德地区汉画的纹样，看去颇有楚风，也与中原、山东、四川的汉画纹样颇有渊源"，"纹样的风格样式互有关系，透露出这些地区之间联系的消息，这里有文化的演变，有氏族的迁移，有工匠的流动，有政治经济的种种变异，更是汉画纹样学的重要工作"。

关键词：绥德画像石　纹样信息　科学方法　研究目标

18. 李贵龙：《绥德汉代画像石概说》，李贵龙：《绥德文库·汉画像石卷》，第516-525页，中国文史出版社，2004年。

内容提要：文章首先指出，绥德县是陕北出土画像石最多的一个县，是研究汉代社会政治、经济、思想、文化的珍贵实物资料，概述了绥德画像石出土情况和数量及画像石墓的结构形制，介绍了绥德画像石题材的内容和雕刻技法。

关键词：绥德县　画像石

19. 杨希：《陕北画像石浅说》，载《榆林高等专科学校学刊》2001 年第 3 期，第 58-60 页。

内容提要：陕北画像石是陕北历史上保存下来的重要文化遗产，是陕北文化宝库中璀璨夺目的艺术珍品，也是我国汉代造型艺术最具典型性和代表性的作品。其艺术题材极其丰富，将神话传说、历史故事、现实生活有机地融为一体，而又以表现现实生活见长。艺术构制宏大，以组画和分格表现为特点，有极强的承载力和表现力。艺术表现手段既创造规则，又不为规则所囿，既遵循规则，又随心所欲，自由挥洒，具有很高的史料价值和艺术价值。

关键词：陕北画像石　　包括宇宙　　传神写照　　自由创造

三、专题研究类 (1-26)

1. 何正璜：《陕北东汉画像石中部分题材的简单考证》，载陕西省博物馆、陕西省文物管理委员会编：《陕北东汉画像石刻选集》，第 127-129 页，文物出版社，1959 年。

内容提要：文章主要对陕北画像石中的六种题材进行了考证。

关键词：日中有鸟　　月中有兔　　西王母　　朱雀　　玄武　　铺首

2. 戴应新：《陕北东汉画像石墓题刻文字》，载《故宫学术季刊》1996 年第 3 期，第 123-130 页。

内容提要：陕北东汉画像石墓题刻文字，数字不多，迄今共发现十条左右，计约 200 字，然其在我国璀璨琳琅的书法艺苑里很有特色，值得珍视。本文先就陕北东汉画像石墓分布情况与类型略作介绍，再对题刻文字进行考证，并分析其历史意义与书法成就。

关键词：陕北画像石　　题刻文字意义　　书法成就

3. 张俐：《论陕北东汉铭文刻石》，载《中国汉画研究》第二卷，第 199-220 页，广西师大出版社，2006 年。

内容提要：本文收集并考释了陕北地区发现的 26 处石刻铭文，研究与之相关的两汉时期的纪年、地理、官制政治、外交等问题，试图通过铭文揭示其背后隐藏的封建伦理道德观念和社会思想，论证西河地区儒家礼教文化的传播和渗透。本文还从书法美学和书法史角度，对陕北汉代铭文作

了探讨，指出"古代美术黑体字"源自陕北汉代画像石的石刻铭文。本文最后对碑和墓志的起源问题作了初步的探究。

关键词：陕北　东汉　西河　墓葬　铭文　刻石

4. 吴镇烽：《秦晋两省东汉画像石题记集释》，载《考古与文物》2006年，第53—69页。

内容提要：本文首先指出陕北榆林地区和相邻的陕西吕梁地区的画像石是同时代同一文化圈的产物，既是墓葬内的建筑构件，又起装饰作用。铭文刻石不仅对画像石的断代有重要价值，对研究东汉时期边郡地理、官职设置也有重要意义。对陕北、晋西北出土的29方铭文刻石进行了考释，据此对圜阴、圜阳、平周进行了考证。

关键词：陕北　晋西北　东汉　铭文刻石　圜阴　圜阳　平周

5. 李海俏：《关于圜阳地望所在》，载《文博》2006年第1期，第54—55页。

内容提要：作者通过5方铭刻"圜阳"字样的刻石，引用了吴镇烽、戴应新的观点，说明圜水即无定河，圜阳县治在绥德四十里铺附近。

关键词：陕北　东汉　铭文刻石　圜阴　圜阳

6. 康兰英：《画像石所反映的上郡狩猎活动》，载《文博》1986年第3期，第48—52页。

内容提要：本文将陕北画像石中狩猎活动按照画面分为三大类，即骑射（骑马狩猎）、车骑狩猎、人兽搏斗和射虎。通过具体画面的描述考释，论述了狩猎活动的社会性质，从而认为当时的狩猎活动不单单是贵族的奢侈娱乐之举，也因特定的地理环境有其"修习战备"、"为生业"的经济生活和社会生产活动的性质。

关键词：陕北　东汉　画像石　狩猎活动　社会性质

7. 王炜林：《陕北画像石中的树形图小议》，载《考古与文物》2003年第5期，第47—51页。

内容提要：文章总述了以树形图案为内容的画像题材，在陕北画像石中占了相当大的比例，对于它的研究，有助于对汉画像石的本来意义得出更全面正确的解释。按照造型特征又将树形分

为 4 类（其中 B 类又可分 4 型），并描述了各型的特征并作了一定的考释，从而说明陕北画像石中的神树题材的性质："它正是当时人们想象的亡灵赖以升天的必经之路——昆仑山。"

关键词：陕北　东汉画像石　树形图　升仙　昆仑山

8. 孙周勇：《陕北汉代画像石神话题材》，载《考古与文物》1999 年第 5 期，第 72-78 页。

内容提要：作者根据陕北画像石的内容及其性质将其分为四类，神话题材尤其突出。文章通过对神话题材的分类考释，分析其所处的社会背景与存在的历史原因。

关键词：陕北　东汉　画像石　神话题材　社会背景　历史原因

9. 李淞：《从"永元模式"到"永和模式"》，载《考古与文物》2000 年第 5 期，第 56-67 页。

内容提要：文章以图像分析的方法，以纪年石为依托，通过追踪题材的衍生、配置与消长，图像与造型的变化，以西王母图像的演变为主要线索，试图构建图像类型和年代框架。将陕北汉代西王母图像表述为六种样式，按时期排列出了七种样式（在西王母六种样式之前加上更早的受山东影响的样式），归纳为"永元模式"和"永和模式"。

关键词：陕北　东汉　画像石　西王母　"永元模式"和"永和模式"

10. 李淞：《陕北及晋西北西王母图像》，《论汉代艺术中的西王母图像》，第 113-171 页，湖南教育出版社，2000 年。

内容提要：文章首先提出了陕北、晋西北画像石中西王母图像和风格主要有六个特点：西王母图像主要在墓门竖框上，绝大多数完整的画像石墓都有西王母图像，早期和后期的形象特征，天柱座式和华盖，以墨线勾勒和敷彩，流行时段集中。梳理了发展线索和排年，依次表述为六种样式。作者提出了"永元"和"永和"两个模式后，又从西王母（及东王公）头上的华盖和身下的天柱及前西王母图像，与山东、苏北图像的关系进一步作了论述，试图阐述图像志与地方性。

关键词：陕北画像石　西王母图像　"永元模式"、"永和模式"

11. 吴兰：《绥德出土的两块画像石》，载《文物天地》1987 年第 6 期，第 36-37 页。

内容提要：文章介绍了 1955 年和 1975 年绥德出土的两块画像石，着重对编钟舞图和持钩镶、执剑技击图进行了描述。

关键词：陕北　东汉画像石　编钟舞图　击技图

12. 王玉金：《从汉画像看四川、山东、陕北的汉代农业》，载《南都学坛》（社会科学版）1990 年第 10 卷第 5 期，第 10-15 页。

内容提要：作者从四川、山东、陕北画像石中反映农业生产的画面，论述了三地汉代农业生产情况存在着很大的差异，陕北处在农业、畜牧业、狩猎并存阶段。汉代全国农业生产的地方差异性，一方面表现为南、北方的差异，另一方面也表现为先进与落后地区的差异，正是中国封建社会经济发展不平衡的表现。

关键词：四川　山东　陕北　汉代农业　差异性

13. 王增明：《陕北画像石中的体育图像初探》，载《汉画研究》1992 年第 2 期，第 13-18 页。

内容提要：文章提出陕北画像石中反映体育活动的内容千姿百态，种类繁多，为研究东汉发展提供了珍贵的实物资料。论述了狩猎图、蹴鞠图、技击图、六博投壶、舞蹈图，将其重要意义归纳为四点。认为进一步发掘、整理和研究陕北画像石，是体育史研究的一项重要工作。

关键词：陕北画像石　体育图像

14. 李林、康兰英：《陕北汉画与民间舞蹈》，载《陕北民族民间舞蹈论文集》，《信天游》1985 年第 1 期，第 105-109 页。

内容提要：文章有重点地详细介绍了陕北画像石中刻画舞蹈内容的场面或图像，丰富多彩、琳琅满目。充分说明东汉时期陕北民间舞蹈活动的繁盛状况，对于进一步了解东汉时期乐舞艺术和当今流传于陕北民间舞蹈的历史渊源和血缘关系，是非常有价值的实物资料。

关键词：陕北画像石　乐舞　陕北民间舞蹈

15. 陈根远：《再谈陕北画像石的来源问题》，载《碑林集刊》2006 年第 11 期【未及读到】

16. 马丽群：《画像石中的音乐感——有感于陕北出土的画像石》，载《北京工艺美术》1984年第 3 期【未及读到】

17. 申长明、杨小童：《东汉的平板车》，载《陕西日报》1999 年 8 月 24 日，第六版（文物旅游版）。

内容提要：文章报道了米脂新出土的画像石中一幅别具一格的车骑图，图中"车型变化出现了长车身、大容积、粗车帮、高后档、由农夫扬鞭驾驭的平板车从容地挤进了前有仪仗后有护卫的行列中，还让牛车打了头阵"。

关键词：米脂　画像石　平板车

18. 康兰英：《陕北东汉画像石刻》，载《陕西日报》1984 年 12 月 11 日。

内容提要：概述了陕北画像石产生的历史、文化背景、题材内容、艺术风格及其对于研究陕北汉代历史的重要价值。

关键词：陕北　画像石　题材内容　艺术风格

19. 宋镇：《陕北东汉画像石的装饰风格浅析》，载《文博》2003 年第 5 期，第 41-43 页。

内容提要：文章简析了陕北画像石在上郡产生和发展的条件，并从其构思、构图、造型刻画、内容选择来看，画像石在两汉时期已成为日臻成熟的一种装饰雕刻艺术和墓穴建筑的一定程式。陕北画像石注重整体装饰效果，布局上的"充盈性"、构图上的"均衡性"体现了独特的装饰艺术之形式美。

关键词：陕北画像石　装饰效果　艺术风格

20. 杨娟、王倩：《试论陕北东汉画像石的艺术特色》，载《碑林集刊》1993 年第 1 期，第173-182 页。

内容提要：文章简述了陕北画像石题材内容的现实性与多样性之后，着重从形式的多样性与表现性、构图上的多层并列与分格式、雕刻技法的多样性论述陕北画像石的艺术特色。

关键词：陕北画像石　艺术形式　特色

21. 李贵龙：《绥德汉画中西王母神坛图浅析》，载《绥德文库·汉画像石卷》，第581—588页，中国文史出版社，2004年。

内容提要：作者以图为例，论述、考证了绥德画像石中的神山图形，认定绥德画像石中的神山就是昆仑仙境，坐或立于昆仑山的神就是西王母。

关键词：绥德　画像石　昆仑山　西王母

22. 李贵龙：《边栏纹饰小议》，载《绥德文库·汉画像石卷》，第589—595页，中国文史出版社，2004年。

内容提要：作者分析了绥德画像石中边栏纹饰的构成因素、表现形式，认为其"有使画面构图完美、华丽典雅的装饰作用"，"更重要的作用是衬托、升华主题画面，为汉画的本来寓意服务的"。

关键词：绥德　画像石　边栏纹样

23. 李贵龙：《历史踪迹留贞石——绥德汉画像石题材鉴赏》，载《绥德文库·汉画像石卷》，第526—571页，中国文史出版社，2004年。

内容提要：文章从"发达的边郡吞垦农业"、"牛马衔尾，群羊塞道"、"纯朴的民风，特色的饮食"、"车辚辚马啸枭的车骑出行"、"架鹰走犬，悠闲游猎"、"乐舞百戏，五彩缤纷"、"神仙与珍禽瑞兽"、"令人感到面生的建筑"、"可怜无定河边骨"、"历史故事传千古"、"极其珍贵的纪年文字与题刻"等11个方面论述了绥德县出土的画像石的题材。

关键词：绥德县　画像石　题材

24. 李贵龙：《生命延续与永恒的赞歌——绥德画像石主题浅析》，载《绥德文库·汉画像石卷》，第572—580页，中国文史出版社，2004年。

内容提要：作者认为汉代人对生命和死亡的认识有其特殊的观念和思维方式，把死亡看成是再生的一种过程，生命延续的一个转折点。这种生命意识，是画像石最重要的主题。文章以绥德